# 古希腊戏剧家作品
# 鉴赏辞典

上海辞书出版社文学鉴赏辞典编纂中心　编

上海辞书出版社

# 前　　言

古希腊文明诞生于欧洲南部地中海沿岸，地理环境造就了古希腊发达的海上贸易，也孕育了古希腊人开放自由、充满想象力的性格。灿烂的古希腊文明为后世留下了无数的宝贵财富，在哲学、历史、科学、艺术各方面都成就卓著。古希腊戏剧与古希腊罗马神话、史诗等共同作为西方文学的滥觞，对后世文学特别是戏剧的发展有着深远的影响。

古希腊戏剧的起源通说与酒神祭祀仪式活动有关，在题材方面以神话传说为主，也有对现实的反映。经历岁月的流逝，古希腊戏剧绝大部分作品已经失传，如今仅能从留存下来的沧海遗珠中，遥想当时作家的智慧与文采。

埃斯库罗斯、索福克勒斯和欧里庇得斯合称古希腊悲剧三大家。其中，埃斯库罗斯被誉为"悲剧之父"，他的作品现存仅有7部，包括唯一一部完整的三联剧《俄瑞斯忒亚》。埃斯库罗斯生活在古希腊民主政权建立初期，曾亲身参加过雅典抵御外来侵略的战争，这些经历在他的作品中都有所反映。埃斯库罗斯的戏剧洋溢着对国家的热爱和对民主的歌颂，风格深沉庄重，寓意深刻，语言气势磅礴。在形式方面，他将演员增加至两人，缩减合唱，突出了对话的作用。

索福克勒斯生活在古希腊民主政治的极盛转衰时期。作为后起之秀，他在28岁的时候就在戏剧比赛中战胜过埃斯库罗斯。索福克勒斯对戏剧形式进行了进一步的革新：取消三联剧的形式而创作单出作品，将演员的数量增加至三人，进一步提升了戏剧的丰富性和表现力。他的作品结构更加复杂，人物性格更加丰满也更具有人情味。英雄人物与悲剧命运的冲突是索福克勒斯作品的重要题材,如他的代表作《俄狄浦斯王》,俄狄浦斯与命运抗争却终究难逃毁灭的结局有着强烈的震撼力。

在欧里庇得斯的时代,雅典的民主政治已经进入了危机时期。受社会环境的影响,欧里庇得斯的戏剧创作也更加贴近世俗,深刻揭露社会问题,语言更富口语化,人物形象也从索福克勒斯笔下理想化的英雄变为真实的普通人。欧里庇得斯极擅刻画人物心理,尤其是对女性角色的塑造,如美狄亚、安德洛玛刻等,都性格鲜明,令人过目不忘。

古希腊喜剧最具代表性的作家当属被称为"喜剧之父"的阿里斯托芬。作为生活在古希腊民主政治衰落期的作家,他的作品十分贴近现实,常常具有政治讽刺性,特别是对主战的激进民主派进行犀利嘲讽。语言戏谑夸张,幽默生动。他在《鸟》中构想的鸟类乌托邦王国更是极富想象力,以象征的方式揭露当时政治制度中的弊病。

为了使今天的读者更好地领略两千余年前古希腊戏剧的魅力所在,本书选取以上诸位古希腊戏剧作家的代表作品12篇,包括《阿伽门农》、《俄狄浦斯王》、《美狄亚》、《阿卡奈人》等经典名篇名段,辅以鉴赏文章,分析作品的思想内涵、艺术手法、语言特色等。书后附有古希腊戏剧家的生平及创作年表以供参考。不足之处,还望读者指正。

上海辞书出版社文学鉴赏辞典编纂中心<br>
2015年7月

## 埃斯库罗斯

9　　被缚的普罗米修斯
26　　阿伽门农
45　　波斯人

## 索福克勒斯

69　　安提戈涅
86　　俄狄浦斯王
108　　特剌喀斯少女

## 欧里庇得斯

133　　阿尔刻提斯
146　　美狄亚
161　　安德洛玛刻

## 阿里斯托芬

179　　阿卡奈人
199　　鸟
217　　蛙

## 附录

235　　古希腊戏剧家生平与创作年表

# 埃斯库罗斯

*Aeschylos*

# 被缚的普罗米修斯

| **作品提要** |

天神普罗米修斯因盗火赐予人类和传授技艺给人类而违背众神之王宙斯的意愿,遭受严酷的惩罚。宙斯命令火神赫淮斯托斯将普罗米修斯绑在严寒的高加索山悬崖上,让恶鹰每天啄食他的肝脏,企图使普罗米修斯屈服。身处困境的普罗米修斯以极为顽强的意志忍受着极大的痛苦,丝毫不屈服,他坚信自己不会灭亡。河神劝普罗米修斯向宙斯屈服,遭到普罗米修斯的辛辣讽刺,宙斯的儿子赫尔墨斯威胁普罗米修斯说出宙斯将被打败的秘密,也遭到普罗米修斯的斥责。河神的女儿们深切同情普罗米修斯的苦难,前来安慰,舍不得离开,情愿与之沉沦于深渊之中。

| **作品选录** |

## 二　进场歌

歌队乘飞车自观众右方进场。

**歌队**　（第一曲首节）不要害怕;我们这一队姐妹是你的朋友,我们好容易才得到父亲的许可,比赛着谁的翅膀快,飞到这悬崖前面来。是疾驰的风把我吹来的;铁锤叮叮当当的声音传进了石穴深处,惊走了我的娇羞,我来不及穿鞋,就乘着飞车赶来了。（本节完）

**普罗米修斯**　啊,啊,原来是多子女的忒堤斯的女儿们,是那用滔滔河水环绕大地的俄刻阿诺斯的女儿们;请看我,看我戴着什么样的镣铐,被钉在这峡谷的万丈悬崖上,眼睁睁地在这里守望啊!

**歌队**　（第一曲次节）我看见了,普罗米修斯;我看见你的身体受伤害,

# 原文

戴着铜镣铐在这崖石上衰弱下去，我眼前便升起了一片充满了眼泪的朦胧的雾。俄林波斯现在归新的舵手们领导；旧日的巨神们已经无影无踪；宙斯滥用新的法令，专制横行。（本节完）

**普罗米修斯** 但愿他把我扔到地底下，扔到那接待死者的冥府底下，塔耳塔洛斯深渊里，拿解不开的镣铐残忍地把我锁住，免得叫天神或者凡人看见我受苦。可是，现在啊，我这不幸的神任凭天风吹弄；我受苦，我的仇人却幸灾乐祸。

**歌队** （第二曲首节）哪一位神会这样心狠，拿你的痛苦来取乐？除了宙斯，哪一位神不气愤，不对你的苦难表同情？宙斯性情暴戾心又狠，他压制乌拉诺斯的儿女们；他决不会松手的，除非等到他心满意足，或者有一位神用诡计夺去了他那难以夺取的权力。（本节完）

**普罗米修斯** 别看那众神的王现在侮辱我，给我戴上结实的镣铐，他终会需要我来告诉他，一个什么新的企图会使他失去王杖和权力。我不会受他的甜言蜜语欺骗，不会因为害怕他的凶恶恫吓而泄漏那秘密，除非他先解了这残忍的镣铐，愿意赔偿我所受的侮辱。

**歌队** （第二曲次节）你真有胆量，在这样大的痛苦面前也不肯屈服，说起话来这样放肆。一种强烈的恐惧扰乱了我的心；我担心你的命运，不知你要航到哪一个海港，才能看见你的痛苦终点？克洛诺斯的儿子性情顽固，他的心是劝不动的。（本节完）

**普罗米修斯** 我知道他是很严厉的，而且法律又操在他手中；可是等他受到那样的打击，我相信他的性情是会变温和的；等他的强烈怒气平息之后，他会同我联盟，同我友好，他热心欢迎我，我也热心欢迎他。

> 原文

## 三 第一场

**歌队长** 请把整个故事讲给我们听,告诉我们,为了什么过失,宙斯把你捉起来,这样不尊重你,狠狠地侮辱你?如果说起来不使你苦恼,就请告诉我们。

**普罗米修斯** 这故事说起来痛苦,闷在心里也痛苦,总是难受啊!

当初神们动怒,起了内讧:有的想把克洛诺斯推下宝座,让宙斯为王;有的竭力反对,不让宙斯统治众神。我当时曾向提坦们,天和地的儿女,提出最好的意见,但是劝不动他们;良谋巧计他们不听;他们仗恃自己强大,以为可以靠武力轻易取胜。我母亲忒弥斯——又叫该亚,一身兼有许多名称——时常把未来的事预先告诉我,她说这次不是靠膂力或者暴力就可以取胜,而是靠阴谋诡计。我曾把这话向他们详细解释,他们却认为全然不值得一顾。我当时最好的办法,似乎只好和我母亲联合起来,一同帮助宙斯,我自己愿意,也受欢迎。由于我的策略,老克洛诺斯和他的战友们全都被囚在塔耳塔洛斯幽深的牢里。天上这个暴君曾经从我手里得到这样大的帮助,却拿这样重的惩罚来报答我。不相信朋友是暴君的通病。

你问起他为什么侮辱我,我可以这样解答。他一登上他父亲的宝座,立即把各种权利送给了众神,把权力也分配了;但是对于可怜的人类他不但不关心,反而想把他们的种族完全毁灭,另行创造新的。除了我,谁也不挺身出来反对;只有我有胆量拯救人类,使他们不至于完全被毁灭,被打进冥府。为此,我屈服在这样大的苦难之下,忍受着痛苦,看起来可怜!我怜悯人类,自己却得不到怜悯;我在这里受惩罚,没有谁怜悯,这景象真是使宙斯丢脸啊!

**歌队长** 普罗米修斯,谁对你的苦难不感觉气愤,谁的心是铁打的,石头做的;我不愿意看见你遭受苦难;我一看见心里就悲伤。

**普罗米修斯** 在朋友们看来,我真是可怜啊!

**歌队长** 此外,你没有犯别的过错吧?

**普罗米修斯** 我使人类不再预料着死亡。

**歌队长** 你找到了什么药来治这个病呢?

**普罗米修斯** 我把盲目的希望放在他们心里。

**歌队长** 你给了人类多么大的恩惠啊!

**普罗米修斯** 此外,我把火也给了他们。

**歌队长** 怎么?朝生暮死的人类也有了熊熊的火了吗?

**普罗米修斯** 是啊;他们可以用火学会许多技艺。

**歌队长** 是不是为了这样的罪,宙斯才——

**普罗米修斯** 才迫害我,不让我摆脱苦难。

**歌队长** 你的苦难没有止境吗?

**普罗米修斯** 没有;除非到了他高兴的时候。

**歌队长** 什么时候他才高兴?你有什么希望?你看不出你有罪吗?可是说你有罪,我说起来没趣味,你听起来也痛苦。还是不提这件事;快想办法摆脱这苦难吧。

**普罗米修斯** 站在痛苦之外规劝受苦的人,是件很容易的事。

我有罪,我完全知道;我是自愿的,自愿地犯罪的;我并不同你争辩。我帮助人类,自己却遭受痛苦。想不到我会受到这样的惩罚:在这凌空的石头上消耗我的精力,这荒凉的悬岩就是我受罪的地方。

现在,请不要为我眼前的灾难而悲叹,快下地来听我讲我今后的命运,你们好从头到尾知道得清清楚楚。答应我,答应我,同情

# 原文

　　——一个正在受难的神吧!苦难飘来飘去,会轮流落到大家身上。

**歌队长**　普罗米修斯,你的呼吁我们并不是不愿意听。我现在脚步轻轻,离开那疾驰的车子和洁净的天空——飞鸟的道路——来到这不平的地上;我愿意听你的整个苦难故事。

*歌队下了飞车,进入场中。*

*俄刻阿诺斯乘飞马自观众右方上。*

**俄刻阿诺斯**　普罗米修斯,我骑着这飞得快的马儿——没有用缰辔控制,它就随着我的意思奔驰——到达了这长途的终点,来到了你这里;因为我,你要相信,很同情你的不幸。我认为是血族关系使我同情你;即使没有亲属关系,我也特别尊重你。你会知道这是真心话;我从来不假意奉承。告诉我怎样帮助你;你决不会说,你有一个比俄刻阿诺斯更忠实的朋友。

**普罗米修斯**　啊,怎么回事?你也来探视我的苦难吗?你怎么有胆量离开那由你而得名的河流,离开那石顶棚的天然洞穴,来到这产铁的地方?你是不是来看我的不幸遭遇,对我的苦难表示同情和气愤?请看这景象,请看我,宙斯的朋友,曾经拥护他为王,如今却遭受苦难,被他压服了。

**俄刻阿诺斯**　我看见了,普罗米修斯;你虽然很精明,我还是要给你最好的忠告。

　　你要有自知之明,采取新的态度;因为天上已经立了一个新的君王。如果你说出这样尖酸刻薄的话,宙斯也许会听见,他虽是高坐在天上;那样一来,你现在为这些苦难而生的气就如同儿戏了。啊,受苦的神,快平息你现在的愤怒,想法摆脱这灾难吧!我这个忠告也许太陈腐了;但是,普罗米修斯,你的遭遇就是太夸口的报应。你现在还不谦逊,还不向灾难屈服,还想加重这眼前的灾难。

## 原文

你既看见一位严厉的、不受审查的君王当了权,你就得奉我为师,不要伸腿踢刺棍。

我现在去试试,看能否解除你的苦难。你要安静,不要太夸口。你聪明绝顶,难道不知道放肆的唇舌会招致惩罚么?

**普罗米修斯** 你有胆量同情我的苦难,又没有受罪之忧,我真羡慕你。现在算了吧,不必麻烦你了;因为他不容易说服,你绝对劝不动他。当心你这一去会给自己惹祸啊!

**俄刻阿诺斯** 你最善于规劝别人,却不善于规劝自己,这是我根据事实,不是根据传闻而得出的结论。我要去,请不必阻拦。我敢说,我敢说宙斯会送我一份人情,解除你的苦难。

**普罗米修斯** 你这样热心,我真是感激,永远感激。但请你不必劳神;即使你愿意,也是白费工夫,对我全没好处。你要安静,免得招惹祸事。我自己不幸,却不愿意大家受苦。不,决不;我的弟兄阿特拉斯的命运已经够我伤心了,他向着西方站着,肩膀顶着天地之间的柱子,重得很,不容易顶啊。当我看见那住在喀利喀亚洞里可怕的百头怪物,凶猛的堤福斯,地神的儿子,被暴力摧毁了的时候,我真是可怜他。他和众神对抗,可怕的嘴里发出恐怖的声音,眼里射出凶恶的光芒,就像要猛力打倒宙斯的统治权;可是宙斯不眨眼的霹雳向着他射来,那猛扑的闪电冒出火焰,在他夸口的时候,使他大吃一惊;他的心受了伤,骨肉化了灰,他的力量被电火摧毁了。到如今他那无用的直挺的残尸还躺在海峡旁边,被压在埃特那山脚底下,赫淮斯托斯坐在那山顶上锻炼熔化了的铁;总有一天,那里会流出火焰的江河,那凶恶的火舌会吞没出产好果子的西西里的宽阔田地:那就是堤福斯喷出的怒气化成的可怕冒火热浪,虽然他已经被宙斯的电火烧焦了。

> 原文

　　你并不是没有阅历,用不着我来教训你。快保全你自己吧,你知道怎么办;我却要把这眼前的命运忍受到底,直到宙斯心中息怒的时候为止。

**俄刻阿诺斯**　难道你不知道,普罗米修斯,语言是医治恶劣心情的良药吗?

**普罗米修斯**　如果话说得很合时宜,不是用来强消臃肿的愤怒,倒可以使心情平和下来。

**俄刻阿诺斯**　我这样热心,这样勇敢,你看有什么害处?告诉我吧。

**普罗米修斯**　那是徒劳,是天真的愚蠢。

**俄刻阿诺斯**　就让我害愚蠢的病吧;最好是大智若愚啊。

**普罗米修斯**　我派你去,就像是我愚蠢。

**俄刻阿诺斯**　你这话分明是打发我回家。

**普罗米修斯**　是的;免得你为我而悲叹,招人仇恨。

**俄刻阿诺斯**　是不是招那刚坐上全能宝座的神仇恨?

**普罗米修斯**　你要当心,别使他恼怒。

**俄刻阿诺斯**　普罗米修斯,你的灾难是个教训。

**普罗米修斯**　快走吧,回家去吧,好好保持着你现在的意见。

**俄刻阿诺斯**　你这样说,我就走了;我这只四脚鸟用它的翅膀拍着天空中平滑的道路;它喜欢在家中的厩舍里弯着膝头休息。

　　俄刻阿诺斯乘飞马自观众右方退出。

## 四　第一合唱歌

**歌队**　(第一曲首节)普罗米修斯,我为你这不幸的命运而悲叹,泪珠从我眼里大量滴出来,一行行泪水打湿了我的细嫩双颊。真是可怕啊,宙斯凭自己的法律统治,向前朝的神显出一副傲慢的神情。

（第一曲次节）现在整个世界都为你大声痛哭,那些住在西方的人悲叹你的宗族曾经享受的伟大而又古老的权力;那些住在神圣的亚细亚的人也对你的悲惨的苦难表示同情。

（第二曲首节）那些住在科尔喀斯土地上勇于作战的女子和那些住在大地边缘,迈俄提斯湖畔的斯库提亚人也为你痛哭。

（第二曲次节）那驻在高加索附近山城上的敌军,阿拉伯武士之花,在尖锐的戈矛林中呐喊,也对你表示同情。（本节完）

〔我先前只见过一位别的提坦神戴着铜镣铐,忍受着同样的痛苦和侮辱,那就是阿特拉斯,他的强大体力不寻常,他背着天的穹隆在那里呻吟。〕

（末节）海潮下落,发出悲声,海底在鸣咽,下界黑暗的地牢在号啕,澄清的河流也为你的不幸苦难而悲叹。

## 五 第二场

**普罗米修斯** 我默默无言,不要认为我傲慢顽固。我眼看自己受这样的迫害,愤怒咬伤了我的心!

是谁把特权完全给了这些新的神? 不是我,是谁? 这件事不说了;因为我要说的,你们早已知道。且听人类所受的苦难,且听他们先前多么愚蠢,我怎样使他们变聪明,使他们有理智。我说这话,并不是责备人类忘恩负义,只不过表明一下我厚赐他们的那番好意。

他们先前视而不见,听而不闻;好像梦中的形影,一生做事七颠八倒;不知道建筑向阳的砖屋,不知道用木材盖屋顶,而是像一群小蚂蚁,住在地底下不见阳光的洞里。他们不知道凭可靠的征象来认识冬日、开花的春季和结果的夏天;做事全没个准则;后来,

## 原文

我才教他们观察那不易辨认的星象的升沉。

我为他们发明了数学,最高的科学;还创造了字母的组合来记载一切事情,那是工艺的主妇,文艺的母亲。我最先把野兽驾在轭下,给它们搭上护肩和驮鞍,使它们替凡人担任最重的劳动;我更把马儿驾在车前,使它们服从缰绳,成为富贵豪华的排场。那为水手们制造有麻布翅膀的车来航海的也正是我,不是别的神。

我为人类发明了这样的技艺,我自己,唉,反而没有巧计摆脱这眼前的苦难。

**歌队长** 你忍受着屈辱和灾难;你失去了智慧,想不出办法,像一个庸碌的医生害了病,想不出药来医治自己,精神很颓丧。

**普罗米修斯** 等你听见了其余的话,知道我发明了一些什么技艺和方术,你会更称赞我呢。人一害病就没有救,没有药吃,没有药喝,也没有膏药敷,因为没有药医治,就渐渐衰弱了。后来,我教他们配制解痛的药,驱除百病。我还安排了许多占卜的方法,最先为他们圆梦,告诉他们哪一些梦会应验;还有,那些偶尔听见的难以理解的话和路上碰见的预兆,我也向他们解释了;爪子弯曲的鸟的飞行,哪一种天然表示吉兆,哪一种表示凶兆,各种鸟的生活方式,彼此间的爱憎以及起落栖止,我也给他们分别得清清楚楚;它们心肝的大小,肝脏的斑点均匀不均匀,胆囊要是什么颜色才能讨神们喜欢,这些我都告诉了他们;罩上网油的大腿骨和细长的脊椎我都焚烧了,这样把秘密的方术传给了人类;我还使他们看清了火焰的信号,这在从前是朦胧的。这些事说得够详细了。至于地下埋藏的对人类有益的宝藏,金银铜铁,谁能说是他在我之前发现的?谁也不能说——我知道得很清楚——除非他信口胡说。请听我一句话总结:人类的一切技艺都是普罗米修斯传授的。

**歌队长**　不要太爱护人类而不管自身受苦；我相信你摆脱了镣铐之后会和宙斯一样强大。

**普罗米修斯**　可是全能的命运并没有注定这件事这样实现；要等我忍受了许多苦难之后，才能摆脱镣铐；因为技艺总是胜不过定数。

**歌队长**　那么谁是定数的舵手呢？

**普罗米修斯**　三位命运女神和记仇的报复女神们。

**歌队长**　难道宙斯没有她们强大吗？

**普罗米修斯**　他也逃不了注定的命运。

**歌队长**　宙斯不是命中注定永远为王吗？

**普罗米修斯**　这个你不能打听；不要再追问了。

**歌队长**　你一定是保守着什么重大秘密。

**普罗米修斯**　谈谈别的事吧；这还不是道破的时机，我得好好保守秘密；因为只有这样，才能摆脱这些有伤我体面的镣铐和苦难。

## 六　第二合唱歌

**歌队**　（第一曲首节）愿宙斯，最高的主宰，不要用暴力打击我的愿望；愿我永远能在我父亲俄刻阿诺斯的滔滔河流旁边杀牛祭神，献上洁净的肉；愿我不在言语上犯罪：这条规则我要铭刻在心，不要熔化了。

（第一曲次节）假如这一生能常在可靠的希望中度过，这颗心能在欢乐中得到补养，这将是多么甜蜜啊！但是，看见你忍受这许多痛苦，我浑身战栗……普罗米修斯，你不怕宙斯，意志坚强，但是你未免太重视人类了。

（第二曲首节）啊，朋友，你看，你的恩惠没有人感激；告诉我，谁来救你？哪一个朝生暮死的人救得了你？难道你看不出他们像梦中的形影那样软弱，盲目的人类是没有力量的吧？宙斯的安排

# 原文

凡人是无法突破的。

（第二曲次节）普罗米修斯，我看见你这可怕的命运，懂得了那条规则。我现在听见的是不同的声调啊，和那次我给你贺喜，绕着浴室和新床所唱的调子多么不同啊！那时节你带着聘礼求婚，把我的姐妹赫西俄涅接去作同衾的妻子。

## 九 退 场

**普罗米修斯** 可是宙斯是会屈服的，不管他的意志多么倔强；因为他打算结一个姻缘，那姻缘会把他从王权和宝座上推下来，把他毁灭；他父亲克洛诺斯被推下那古老的宝座时发出的诅咒，立刻就会完全应验。除了我，没有一位神能给他明白地指出一个办法，使他避免这灾难。这件事将怎样发生，这诅咒将怎样应验，只有我知道。且让他安心坐在那里，手里挥舞着喷火的霹雳，信赖那高空的雷声吧。可是这些东西都不能使他避免那可耻的不堪忍受的失败。他现在要找一个对手，一个无敌的怪物来和他自己作对；这对手会发现一种比闪电更强的火焰和一种比霹雳更大的声音；他还会把海神的武器，那排山倒海的三叉戟打得粉碎。等宙斯碰上了这场灾祸，他就会明白做君王和做奴隶有很大的不同。

**歌队长** 你这样咒骂宙斯，这不过是你的愿望罢了。

**普罗米修斯** 我说的是事实，也是我的愿望。

**歌队长** 怎么？我们能指望一位神来控制宙斯吗？

**普罗米修斯** 他脖子上承受的痛苦将比这些更难受。

**歌队长** 你说这样的话，不害怕吗？

**普罗米修斯** 我命中注定死不了，怕什么呢？

**歌队长** 可是他会给你更大的苦受。

# 原文

**普罗米修斯** 随便他吧；一切事我都心中有数。

**歌队长** 那些向惩戒之神告饶的人才是聪明！

**普罗米修斯** 那么你就向你的主子致敬，祈祷，永远奉承他吧！我却一点也不把宙斯放在眼里！他打算怎么样就怎么样吧，让他统治这短促的时辰吧；因为他在天上为王的日子不会长久。

　　我看见了宙斯的走狗，新王的小厮，他一定是来宣布什么新的命令的。

赫耳墨斯自空中下降。

**赫耳墨斯** 你这个十分狡猾、满肚子怨气的家伙，我是在说你——你得罪了众神，把他们的权利送给了朝生暮死的人，你是个偷火的贼；父亲叫你把你常说的会使他丧失权力的婚姻指出来；告诉你，不要含糊其词，要详详细细讲出来；普罗米修斯，不要使我再跑一趟；你知道，含含糊糊的话平息不了宙斯的愤怒。

**普罗米修斯** 你说话多么漂亮，多么傲慢，不愧为众神的小厮。

　　你们还很年轻，才得势不久，就以为你们可以住在那安乐的卫城上吗？难道我没有看见两个君王从那上面被推翻吗？我还要看见第三个君王，当今的主子，很快就会被不体面地推翻。你以为我会惧怕这些新得势的神，会向他们屈服吗？我才不怕呢，绝对不怕。快顺着原路滚回去吧；因为你问也问不出什么来。

**赫耳墨斯** 你先前也是由于这样顽固，才进入了这苦难的港口。

**普罗米修斯** 你要相信，我不肯拿我这不幸的命运来换你的贱役。

**赫耳墨斯** 我认为你伺候这块石头，比做父亲宙斯的亲信使者强得多。

**普罗米修斯** 傲慢的使者自然可以说傲慢的话。

**赫耳墨斯** 你在目前的境况下好像还很得意。

**普罗米修斯** 我得意吗？愿我看我的仇敌这样得意，我把你也计算

# 原文

在内。

**赫耳墨斯**　怎么？你受苦,怪得着我吗？

**普罗米修斯**　一句话告诉你,我憎恨所有受了我的恩惠、恩将仇报、迫害我的神。

**赫耳墨斯**　听了你这话,知道你的疯病不轻。

**普罗米修斯**　如果憎恨仇敌也算疯病,我倒是疯了。

**赫耳墨斯**　你要是逢时得势,别人还受得了！

**普罗米修斯**　唉！

**赫耳墨斯**　宙斯从来不认识这个"唉"字。

**普罗米修斯**　但是越来越老的时间会教他认识。

**赫耳墨斯**　但是它没有教会你自制自重。

**普罗米修斯**　它没有教会我；否则,我就不会同你这小厮搭话。

**赫耳墨斯**　你好像不回答父亲所问的事。

**普罗米修斯**　我欠了他的情,应当报答！

**赫耳墨斯**　你把我当孩子讥笑。

**普罗米修斯**　如果你想从我这里打听什么,你岂不是个孩子,岂不比孩子更傻吗？宙斯无法用苦刑或诡计强迫我道破这秘密,除非他解了这侮辱我的镣铐。

　　让他扔出燃烧的电火吧,让他用白羽似的雪片和地下响出的雷霆使宇宙紊乱吧；可是这一切都不能强迫我告诉他：谁来推翻他的王权。

**赫耳墨斯**　你要考虑这样对你是不是有利。

**普罗米修斯**　我早就考虑过了,而且下了决心。

**赫耳墨斯**　傻子,面对着眼前的苦难,你尽可能、尽可能放明白一点吧。

**普罗米修斯**　你白同我纠缠,好像劝说那无情的波浪一样。别以为我会由于害怕宙斯的意志而成为妇人女子，伸出柔弱的手，手心向上，求我最痛恨的仇敌解了我的镣铐；我决不那样做。

**赫耳墨斯** 这许多话都像是白说了；因为我的请求没有使你的心变温和或软下来。你像一匹新上轭的马驹嚼着嚼铁，桀骜不驯，和缰绳挣扎。你太相信你那不中用的诡计了。一个傻子单靠顽固成不了事。

如果你不听我的话，你要注意，什么样的风暴和灾难的鲸涛鲵浪会落到你身上，逃也逃不掉；首先，父亲将用雷电把这峥嵘的峡谷劈开，把你的身体埋葬，这岩石的手臂依然会拥抱着你。你在那里住满了很长的时间，才能回到阳光里来；那时候宙斯的有翅膀的狗，那凶猛的鹰，会贪婪地把你的肉撕成一长条、一长条的，它是个不速之客，整天地吃，会把你的肝啄得血淋淋的。

不要盼望这种痛苦是有期限的，除非有一位神来替你受苦；自愿进入那幽暗的冥土和漆黑的塔耳塔洛斯深坑。

所以，你还是考虑考虑吧；这不是虚假的夸口，而是真实的话；因为宙斯的嘴是不会说假话的；他所说的话都是会实现的。你仔细思考，好生想想吧，不要以为顽固比谨慎好。

**歌队长** 在我们看来，赫耳墨斯这番话并不是不合时宜；他劝你改掉顽固，采取明哲的谨慎。你听从吧；聪明的神犯了错误，是一件可耻的事。

**普罗米修斯** 这家伙所说的消息我早已知道。仇敌忍受仇敌的迫害算不得耻辱。让电火的分叉鬈须射到我身上吧，让雷霆和狂风的震动扰乱天空吧；让飓风吹得大地根基动摇，吹得海上的波浪向上猛冲，扰乱了天上星辰的轨道吧，让宙斯用严厉的定数的旋风把我的身体吹起来，使我落进幽暗的塔耳塔洛斯深坑吧；总之，他弄不死我。

**赫耳墨斯** 只有从疯子那里才能听见这样的语言和意志。他这样祈祷

## 原文

不就是神经错乱吗？这疯病怎样才能减轻呢？

你们这些同情他苦难的女子啊，赶快离开这里吧，免得那无情的霹雳震得你们神志昏迷。

**歌队长** 请你说别的话，劝我做你能劝我做的事吧；你插进这句话，使我受不了！为什么叫我做这卑鄙的事呢？我愿意和他一起忍受任何注定的苦难；我学会了憎恨叛徒，再也没有什么恶行比出卖朋友更使我恶心。

**赫耳墨斯** 可是你们记住我发出的警告吧；当你们陷入灾难罗网的时候，不要抱怨你们的命运，不要怪宙斯把你们打进事先不知道的苦难；不，你们要抱怨自己；因为你们早就知道了，你们不是不知不觉，而是由于你们的愚蠢，才被缠在灾难解不开的罗网里的。

赫耳墨斯自空中退出。

**普罗米修斯** 看呀，话已成真：大地在动摇，雷声在地底下作响，闪电的火红的鬈须在闪烁，旋风卷起了尘土，各处的狂风在奔腾，彼此冲突，互相斗殴；天和海已经混淆了！这风暴分明是从宙斯那里吹来吓唬我的。我的神圣的母亲啊，推动那阳光普照的天空啊，你们看见我遭受什么样的迫害啊！

普罗米修斯在雷电中消失，
歌队也跟着不见了。

（罗念生　译）

## 赏析

埃斯库罗斯的悲剧艺术是希腊文明绽放的花朵，庄严而单纯，以至于两千多年来人们言希腊文学必读埃斯库罗斯悲剧。埃斯库罗斯为厄琉西斯贵

## 赏析

族欧福里翁之子,他是那个时代的真正代表,以古希腊人的强健和智慧,创造了瑰丽奇伟的悲剧艺术,被誉为"悲剧之父"。据说他一生写过七十多部悲剧和许多笑剧,但传世的悲剧只有七部,《普罗米修斯》便是其中的一部。

《普罗米修斯》原为三部曲,包含《被缚的普罗米修斯》、《被释的普罗米修斯》和《带火的普罗米修斯》,后两部已佚。流传下来的只有《被缚的普罗米修斯》。这部堪称希腊命运悲剧冠冕的诗剧,以天包地容的气魄和慷慨悲壮的英雄气概震荡过多少人的心灵。全剧共分九场,开场为观众描绘出一幅悲壮的情景。威力神和暴力神将普罗米修斯拖到人烟荒凉的高加索山上,火神赫淮斯托斯用铜楔尖子钉入普罗米修斯的胸膛,并用手铐脚镣将其固定在岩石上,普罗米修斯感叹命运定数的力量。进场歌为歌队与普罗米修斯的对话,表达了河神的女儿对普罗米修斯遭难的深切同情,普罗米修斯透露了他洞知宙斯将失去宝座的秘密,渲染出全剧的感情基调。第一场讲述普罗米修斯帮助宙斯获得王位后,宙斯恩将仇报,将之流放高加索山;河神俄刻阿诺斯自讨没趣,劝普罗米修斯谨慎言语,向宙斯屈服。第一合唱歌由歌队唱出全世界对普罗米修斯所受灾难的同情,将悲壮的气氛升华到新的高度。第二场,普罗米修斯细说他传授种种技艺给人类,使人类从蒙昧走向文明,而违背宙斯的意愿,遭受惩罚。第二合唱歌为河神的女儿埋怨普罗米修斯太重视人类而自讨苦吃。第三场讲述伊俄受到宙斯的惩罚被变成小母牛,四处漂泊,在高加索山上遇见普罗米修斯,普罗米修斯为伊俄道出她未来的命运。第三合唱歌唱婚姻应该门当户对,暗示伊俄高攀宙斯而种下灾难的苦果。退场加入新的人物——宙斯的儿子赫尔墨斯,威胁普罗米修斯说出宙斯被打败的秘密,普罗米修斯毫不屈服,坚信自己不会毁灭。全剧在天翻地覆的景象中结束,将悲壮的气氛升到顶点,而后戛然而止,产生无比震撼的艺术效果。由于篇幅的关系,我们删去了第一场和第七、第八场有关伊俄故事的部分,保留结尾退场部分。这使普罗

## 赏析

米修斯的故事更加集中,剧情更紧凑。

也许,欣赏古希腊悲剧,最好的方式是回到古希腊。如果我们带着当下戏剧的审美标准来欣赏,那么,此剧的剧情简单得近乎简陋,既没有太多的人物,也没有太多的悬念和冲突。但是,如果我们做回古雅典人,像他们一样感觉和思考,像他们那样坐在露天剧场,在简洁而结实的戏剧结构中,接受悲壮气势和尊贵人性的熏陶,那么,便能体味到温克尔曼所说的"高贵的单纯"的美学含义。

《被缚的普罗米修斯》取材于古代神话。同那个时代的命运悲剧一样,埃斯库罗斯所要讨论的是人类命运和宇宙统治的关系,所要表现的是希腊民族的伦理与道德。普罗米修斯是天神,然而他关心人类的命运和生活处境,将技艺传授给人类,启示人类改变自然法则,挑战着宙斯所象征的宇宙秩序和自然运行规律,因而遭到惩罚。人类的理性主义和善良人性并不为自然的绝对性所屈服,普罗米修斯反抗着,"一点也不把宙斯放在眼里",并坚信宙斯"在天上为王的日子并不会太长"。人文主义并不足以弥合人与自然、道德与秩序之间的沟壑,普罗米修斯为此继续受难,在人文精神和宇宙秩序的张力中,悲剧诞生了。古希腊人并不主张纯粹地为艺术而艺术,他们特别重视伦理功效,审美的光华里闪烁着健全的道德伦理。普罗米修斯是道德的化身,是爱和怜悯的使者,为维护人类的价值和生命的权力,对抗着宙斯的权威。他的尊贵的获得是因为充盈着人的德性,而不是神的怜悯。在古希腊人看来,德性与命运相矛盾,德性越完善,命运悲剧就越深。普罗米修斯的悲剧也正在于他德性的完善。

埃斯库罗斯对悲剧形式上的最大贡献在于他把演员的数目由一个增至两个,甚至多个,使对话成为主要部分,便于表现冲突和人物性格。《被缚的普罗米修斯》虽然极其简练,但通过对话,每个人物的个性相当鲜明。宙斯虽然没有出场,但观众仍能感受到那个专政而残暴的统治者的存在。

宙斯的儿子火神赫淮斯托斯闪烁着人性的光辉，他受命处理普罗米修斯，心中却十分内疚，相反威力神却显得残暴无比。河神的女儿们一方面同情普罗米修斯的遭遇，一面又敬畏着宙斯，她们时而表现出甜蜜时而战栗，两种不同情感纠缠在一起。河神像是一个和事佬，滔滔不绝地规劝普罗米修斯屈服，那谄媚和懦弱的个性暴露无遗。同样是宙斯的儿子，赫耳墨斯却是傲慢和奴性的代表。马克思曾说，希腊的众神在埃斯库罗斯的《普罗米修斯》里面，被打得遍体鳞伤，几乎死去，人物的性格和悲剧的色彩，并没有因为剧情的简单而失色。

《被缚的普罗米修斯》不仅仅是一出壮丽的悲剧，更是一首哲理诗。诗人很好地运用了本民族的伦理箴言，把悲剧里的动作和道德、宗教连接在一起。他思考过人生的种种问题，他的诗句不只拥有华丽的语言，且蕴含着古希腊人隽永的思想："我使人类不再预料着死亡，我把盲目的希望放在他们心里"，"苦难飘来飘去，会轮流掉到大家身上"，"放肆的唇舌会招致惩罚"，"技艺总是胜不过定数"，"越来越老的时间会教他认识"。这些古朴的格言蕴含着古希腊人的智慧和诗意，使悲剧雄健浑厚的风格里增添了不少柔丽和圆润，使得普罗米修斯的尊贵和崇高达到了绝顶。

（蔡　枫）

# 阿伽门农

## 作品提要

阿伽门农为夺回弟媳海伦，带领军队攻打特洛伊城。出征前海上突起狂风，他杀死自己的女儿伊菲革涅亚献祭，以平息神怒。当阿伽门农凯旋时，他的妻子克吕泰墨斯特拉为女儿报仇，施下毒计，以极为华丽的辞藻夸

## 原文

耀阿伽门农，有意引起天神的妒忌，并让阿伽门农踏着紫色花毡入宫犯下傲慢罪，意味着须用死来赎罪。克吕泰墨斯特拉与情人埃癸斯托斯勾结，二人协力杀死了阿伽门农。

| 作品选录 |

## 一　开　场

守望人在王宫屋顶上出现。

**守望人**　我祈求众神解除我长年守望的辛苦，一年来我像一头狗似的，支着两肘趴在阿特瑞代的屋顶上；这样，我认识了夜里聚会的群星，认识了那些闪耀的君王，他们在天空很显眼，给人们带来夏季和冬天。今夜里，我照常观望信号火炬——那火光将从特洛亚带来消息，报告那都城的陷落——因为一个有男人气魄、盼望胜利的女人是这样命令我的。当我躺在夜里不让我入睡的、给露水打湿了的这只榻上的时候——连梦也不来拜望，因为恐惧代替睡眠站在旁边，使我不能紧闭着眼睛睡一睡——当我想唱唱歌，哼哼调子，挤一点歌汁来医治我的瞌睡病的时候，我就为这个家的不幸而悲叹，这个家料理得不像从前那样好了。但愿此刻有火光在黑暗中出现，报告好消息，使我侥幸地摆脱这辛苦！

片刻后，远处有火光出现。

　　欢迎啊，火光，你在黑夜里放出白天的光亮，作为发动许多阿耳戈斯歌舞队的信号，庆祝这幸运！

　　哦嗬，哦嗒！

　　我给阿伽门农的妻子一个明白的信号，叫她快快从榻上起来，在宫里欢呼，迎接火炬；因为伊利翁的都城已经被攻陷了，正像那信号火光所报道的；我自己先舞起来；因为我的主人这一掷运气好，该我走棋子了；这信号火光给我掷出了三个六。愿这家的主人回来，我要用这只手握着他可爱的胳膊。其余的事我就不说了，所谓一头巨牛压住了我的舌头；这宫殿，只要它能言语，会清清楚楚讲出来；我愿意讲给知情的人听；对不知情的人，我就说已经忘记了。

守望人自屋顶退下。

## 七 第三场

阿伽门农和卡珊德拉乘车自观众右方上。

**歌队长** 啊，国王，特洛亚城的毁灭者，阿特柔斯的后裔，我应当怎样欢迎你，怎样向你表示敬意，才能恰如其分地执行君臣之礼？许多人讲究外表，不露真面目，在他违反正义的时候；人人都准备和受难者同声哭泣，但是悲哀的毒螫却没有刺进他们的心；他们又装出一副与人同乐的样子，勉强他们的不笑的脸……但是一个善于鉴别羊的牧人不至于被人们的眼睛所欺骗，在它们貌似忠良，拿掺了水的友谊来献媚的时候。

你曾为了海伦的缘故率领军队出征，那时候，不瞒你说，在我的心目中，你的肖像颜色配得十分不妙，你没有把你心里的舵掌好，你曾经举行祭献，使许多饿得快死的人恢复勇气。但如今从我心灵深处，我善意的……"辛苦对于成功的人……"你总可以打听出哪一个公民在家里为人很正直，哪一个不正派。

**阿伽门农** 我应当先向阿耳戈斯和这地方的神致敬，他们曾经保佑我回家，帮助我惩罚普里阿摩斯的城邦。当初众神审判那不必用言语控诉的案件的时候，他们毫不踌躇地把死刑，毁灭伊利翁的判决

## 原文

票投到那判死罪的壶里；那对面的壶希望他们投票，却没有装进判决票。此刻那被攻陷的都城还可以凭烟火辨别出来。那摧灭万物的狂风依然在吹，但是余烬正随着那都城一起消灭，发出强烈的财宝气味。为此我们应当向神谢恩，永志不忘；因为我们已经向那放肆的抢劫者报了仇，为了一个女人的缘故，那都城被阿耳戈斯的猛兽踏平了，那是马驹——一队持盾的兵士，它在鸠星下沉的时候跳进城，像一匹凶猛的狮子跳过城墙，把王子们的血舐了个饱。

我向众神讲了一大段开场话。至于你的意见我已经听见了，记住了，我同意你的话，我也要那样说。是呀，生来就知道尊敬走运的朋友而不怀嫉妒的人真是稀少；因为恶意的毒深入人心，使病人加倍痛苦：他既为自己的不幸而苦恼，又因为看见了别人的幸运而自悲自叹。我很有经验——因为我对那面镜子，人与人的交际很熟悉——可以说那些对我貌似忠实的人不过是影子的映象罢了。只有俄底修斯，那个当初不愿航海出征的人，一经戴上轭，就心甘情愿成为我的骖马，不论他现在是生是死，我都这样说。

其余的有关城邦和神的事，我们要开大会，大家讨论。健全的制度，决定永远保留；需要医治的毒疮，就细心地用火烧或用刀割，把疾病的危害除掉。

此刻我要进屋，我的有炉火的厅堂，我先向众神举手致敬，是他们把我送出去，又把我带回家来。胜利既然跟随着我，愿她永远和我同在！

克吕泰墨斯特拉自宫中上，众侍女抱着紫色花毡随上。

**克吕泰墨斯特拉** 市民们，阿耳戈斯的长老们，我当着你们表白我对丈夫的爱情，并不感觉羞耻；因为人们的羞怯随着时间而消失。我所要说的不是从别人那里听来的，而是我自己所受的苦痛生活，当他

# 原文

在伊利翁城下的时候。首先,一个女人和丈夫分离,孤孤单单坐在家里,已经苦不堪言,何况还有人带来坏消息,跟着又有人带来,一个比一个坏,他们大声讲给家里的人听。说起创伤,如果我丈夫所遭受的像那些继续流进我家的消息里所说的那样多,那么他身上的伤口可以说比网眼更多。如果他像消息所说的死了那样多次,那么他可夸口说,他是第二个三身怪物革律翁,在每一种形状下死一次,这样穿上了三件泥衣服。为了这些不幸的消息,我时常上吊,别人却硬把悬空的索子从我颈上解开。因此我们的儿子,你我盟誓的保证人,应当在这里却又不在这里,那个俄瑞斯忒斯。你不必诧异;他是寄居在我们的亲密战友,福喀斯人斯特洛菲俄斯家里的,那人曾警告我有两重祸患——你在伊利翁城下冒危险,人民又会哗然骚动,推翻议会;因为人的天性喜欢多踩两脚那已经倒地的人。这个辩解里没有欺诈。

说起我自己,我的眼泪的喷泉已经干枯了,里面一滴泪也没有了。我不能早睡的眼睛,因为哭着盼望那报告你归来的火光而发痛,那火却长久不见点燃。即使在梦里,我也会被蚊子的细小声音惊醒,听它嘤嘤地叫;因为我在梦里看见你所受的苦难比我睡眠时间内所能发生的还要多呢。

现在,忍过了这一切,心里无忧无虑,我要称呼我丈夫作家里看门的狗,船上保证安全的前桅支索,稳立在地基上撑持大厦的石柱,父亲的独生子,水手们意外望见的陆地,口渴的旅客的泉水。这些向他表示敬意的话,他可以受之无愧。让嫉妒躲得远远的吧!我们过去所受的苦难已经够多了!

现在,亲爱的,快下车来!但是,主上啊,你这只曾经踏平伊利翁的脚不可踩在地上。婢女们,你们奉命来把花毡铺在路上,为什

## 原文

么拖延时间呢？快拿紫色毡子铺一条路，让正义之神引他进入他意想不到的家。至于其余的事，我的没有昏睡的心，在神的帮助下，会把它们正当地安排好，正像命运所注定的那样。

众侍女铺花毡。

**阿伽门农** 勒达的后裔，我家的保护人，你的话和我们别离的时间正相当；因为你把它拖得太长了。但是适当的称赞——那颂辞应当由别人嘴里念出来。此外，不要把我当一个女人来娇养，不要把我当一个东方的君王，趴在地下张着嘴向我欢呼，不要在路上铺上绒毡，引起嫉妒心。只有对天神我们才应当用这样的仪式表示敬意；一个凡人在美丽的花毡上行走，在我看来，未免可怕。鞋擦和花毡，两个名称音不同。谦虚是神赐的最大礼物；要等到一个人在可爱的幸运中结束了他的生命之后，我们才可以说他是有福的。我已经说过，我要怎样行动才不至于有所畏惧。

**克吕泰墨斯特拉** 现在我问你一句话，把你的意见老老实实告诉我。

**阿伽门农** 我的意见，你可以相信，不会有假。

**克吕泰墨斯特拉** 你在可怕的紧急关头，会不会向神许愿，要做这件事？

**阿伽门农** 只要有祭司规定这仪式。

**克吕泰墨斯特拉** 普里阿摩斯如果这样打赢了，你猜他会怎么办？

**阿伽门农** 我猜他一定在花毡上行走。

**克吕泰墨斯特拉** 那么你就不必害怕人们的谴责。

**阿伽门农** 可是人民的声音是强有力的。

**克吕泰墨斯特拉** 但是不被人嫉妒，就没人羡慕。

**阿伽门农** 一个女人别想争斗！

**克吕泰墨斯特拉** 但是一个幸运的胜利者也应当让一手。

**阿伽门农**　什么？你是这样重视这场争吵的胜利吗？

**克吕泰墨斯特拉**　让步吧！你自愿放弃，也就算你胜利。

**阿伽门农**　也罢，如果你一定要这样，就叫人把我的靴子，在脚下伺候我的高底鞋，快快脱了；当我在神的紫色料子上面行走的时候，愿嫉妒的眼光不至于从高处射到我身上！我的强烈敬畏之心阻止我踩坏我的家珍，糟蹋我的财产——银子换来的织品。

*侍女把阿伽门农的靴子脱了。*

*阿伽门农下车。*

　　这件事说得很够了。至于这个客人，请你好心好意引她进屋；对一个厚道的主人，神总是自天上仁慈地关照。没有人情愿戴上奴隶的轭；她是从许多战利品中选出来的花朵，军队的犒赏，跟着我前来的。现在，既然非听你的话不可，我就踏着紫颜色进宫。

*阿伽门农自花毡上走向王宫。*

**克吕泰墨斯特拉**　海水就在那里，谁能把它汲干？那里面产生许多紫色颜料，价钱不过和银子相当，而且永远有新鲜的。可以用来染绒毡。我们家里，啊，国王，谢天谢地，贮藏着许多织品，这王宫从来不知道什么叫缺乏。我愿意许愿，拿很多块绒毡来踩，如果神示吩咐我家这样做，当我想法救回这条性命的时候。因为根儿存在，叶儿就会长到家里，蔓延成荫，把天狼星遮住，你就是这样回到家里的炉火旁边，象征冬季里有了温暖；当宙斯把酸葡萄酿成酒的时候，屋里就凉快了，只要一家之长进入家门。

*阿伽门农进宫。*

　　啊，宙斯，全能的宙斯，使我的祈祷实现吧，愿你多多注意你所要实现的事。

*克吕泰墨斯特拉进宫，众侍女随入。*

原文

## 十一　第五场

**阿伽门农**　（自内）哎哟,我挨了一剑,深深地受了致命伤!

**歌队长**　嘘!谁在嚷挨了一剑,受了致命伤?

**阿伽门农**　哎哟,又是一剑,我挨了两剑了!

**歌队长**　听了国王叫痛的声音,我猜想已经杀了人啦!我们商量一下,看有没有什么妥当办法。

**队员子**　我把我的建议告诉你们:快传令召集市民到王宫来救命。

**队员丑**　我认为最好赶快冲进去,趁那把剑才抽出来,证实他们的罪行。

**队员寅**　这个意见正合我的意思,我赞成采取行动;时机不可耽误。

**队员卯**　很明显,他们这样开始行动,表示他们要在城邦里建立专制制度。

**队员辰**　是呀;因为我们在耽误时机,他们却在践踏谨慎之神光荣的名字,不让他们自己的手闲下来。

**队员巳**　我不知道有什么办法可以提出,主意要由行动者决定。

**队员午**　我也是这样想;因为说几句话,不能起死回生。

**队员未**　难道我们可以苟延残喘,屈服于那些玷污了这个家的人的统治下?

**队员申**　这可受不了,还不如死了,那样的命运比受暴君的统治温和得多。

**队员酉**　什么?难道有了叫痛的声音为证,就可以断定国王已经死了吗?

**队员戌**　在我们讨论之前,得先把事实弄清楚,因为猜想和确知是两回事。

**歌队长** 经过多方面考虑，我赞成这个意见：先弄清楚阿特柔斯的儿子到底怎样了。

*后景壁转开，壁后有一个活动台，阿伽门农的尸体躺在台上的澡盆里，上面盖着一件袍子；卡珊德拉的尸体躺在那旁边，克吕泰墨斯特拉站在台上。*

**克吕泰墨斯特拉** 刚才我说了许多话来适应场合，现在说相反的话也不会使我感觉羞耻；否则一个向伪装朋友的仇敌报复的人，怎能把死亡的罗网挂得高高的，不让他们越网而逃？这场决战经过我长期考虑，终于进行了，这是旧日争吵的结果。我还是站在我杀人的地点上，我的目的已经达到了。我是这样做的——我不否认——使他无法逃避他的命运：我拿一张没有漏洞的撒网，像网鱼一样把他罩住，这原是一件致命的宝贵长袍。我刺了他两剑；他哼了两声，手脚就软了。我趁他倒下的时候，又找补第三剑，作为献给地下的宙斯，死者保护神的还愿礼物。这么着，他就躺在那里断了气；他喷出一股汹涌的血，一阵血雨的黑点便落到我身上，我的畅快不亚于麦苗承受天降的甘雨，正当出穗的时节。情形既然如此，阿耳戈斯的长老们，你们欢乐吧，只要你们愿意；我却是得意洋洋。如果我可以给死者致奠，我这样奠酒是很正当的，十分正当呢；因为这家伙曾在家里把许多可诅咒的灾难倒在调缸里，他现在回来了，自己喝干了事。

**歌队长** 你的舌头使我们吃惊，你说起话来真有胆量，竟当着你丈夫的尸首这样夸口！

**克吕泰墨斯特拉** 你们把我当一个愚蠢的女人，向我挑战，可是我鼓起勇气告诉你们，虽然你们已经知道了——不管你们愿意称赞我还是责备我，反正是一样——这就是阿伽门农，我的丈夫，我这只右

## 原文

手,这公正的技师,使他成了一具尸首。事实就是如此。

**歌队** （哀歌序曲首节）啊,女人,你尝了地上长的什么毒草或是喝了那流动的海水上面浮出的什么毒物,以致发疯,惹起公共的诅咒?你把他抛弃了,砍掉了,你自己也将被放逐,为市民所痛恨。(本节完)

**克吕泰墨斯特拉** 你现在判处我被放逐出国,叫我遭受市民的憎恨和公共的诅咒;可是当初你全然不反对这家伙,那时候他满不在乎,像杀死一大群多毛的羊中的一头牲畜一样,把他自己的孩子,我在阵痛中生的最可爱的女儿,杀来祭献,使特剌刻吹来的暴风平静下来。难道你不应当把他放逐出境,惩罚他这罪恶?你现在审判我的行为,倒是个严厉的陪审员!可是我告诉你,你这样恐吓我的时候,要知道我也是同样准备好了的,只有用武力制服我的人才能管辖我;但是,如果神促成相反的结果,那么你将受到一个教训,虽然晚了一点,也该小心谨慎。

**歌队** （次节）你野心勃勃,言语傲慢,你的心由于杀人流血而疯狂了,看你的眼睛清清楚楚充满了血。你一定被朋友们所抛弃,打了人要挨打,受到报复。(序曲完)

**克吕泰墨斯特拉** 这个,我的誓言的神圣力量,你也听听,我凭那位曾为我的孩子主持正义的神,凭阿忒和报仇神——我曾把这家伙杀来祭她们——起誓,我的向往不至于误入恐惧之间,只要我灶上的火是由埃癸斯托斯点燃的——他对我一向忠实;有了他,就有了使我们壮胆的大盾牌。这里躺着的是个侮辱妻子的人,特洛亚城下那个克律塞伊斯的情人;这里躺着的是她,一个女俘虏,女先知,那家伙能说预言的小老婆,忠实的同床人,船凳上的同坐者。他们俩已经得到应得的报酬:他是那样死的,而她呢,这家伙的情妇,像一只天鹅,已经唱完了她最后的临死哀歌,躺在这里,给我的……好菜添上作料。

**歌队** （哀歌第一曲首节）啊，愿命运不叫我们忍受极大的痛苦，不叫我们躺在病榻上，快快给我们带来永久的睡眠，既然我们最仁慈的保护人已经被杀了，他为了一个女人的缘故吃了许多苦头，又在一个女人手里丧了性命。（本节完）

　　（叠唱曲）啊，疯狂的海伦，你一个人在特洛亚城下害死了许多条，许多条人命，你如今戴上最后一朵我们永远不能忘记的花，这洗不掉的血。真的，这家里曾住过一位强悍的厄里斯，害人的东西。

**克吕泰墨斯特拉**　你不必为这事而烦恼，请求早死；也不必对海伦生气，说她是凶手，说她一个人害死了许多达那俄斯人，引起了莫大的悲痛。

**歌队**　（第一曲次节）啊，恶魔，你降到这家里，降到坦塔罗斯两个儿孙身上，你利用两个女人来发挥你的强大威力，真叫我伤心！也像一只可恨的乌鸦站在那尸首上自鸣得意，唱一支不成调的歌曲……（本节完）

　　（叠唱曲）啊，疯狂的海伦，你一个人在特洛亚城下害死了许多条，许多条人命，你如今戴上最后一朵我们永远不能忘记的花，这洗不掉的血。真的，这家里曾住过一位强悍的厄里斯，害人的东西。

**克吕泰墨斯特拉**　你现在修正了你嘴里说出的意见，请来了这家族曾大嚼三餐的恶魔，由于他在作怪，人们肚子里便产生了舔血的欲望；在旧的创伤还没有封口之前，新的血又流出来了。

**歌队**　（第二曲首节）你所赞美的是毁灭家庭的大恶魔，他非常愤怒，对于厄运总是不知足——唉，唉，这恶意的赞美！哎呀，这都是宙斯，

## 原文

万事的推动者,万事的促成者的旨意;因为如果没有宙斯,这人间哪一件事能够发生?哪一件事不是神促成的?(本节完)

(叠唱曲)国王啊国王,我应当怎样哭你?应当从我友好的心里向你说什么?你躺在这蜘蛛网里,这样遭凶杀而死,哎呀,这样耻辱地躺在这里,被人阴谋杀害,死于那手中的双刃兵器下。

**克吕泰墨斯特拉** 你真相信这件事是我做的吗?不,不要以为我是阿伽门农的妻子。是那个古老的凶恶报冤鬼,为了向阿特柔斯,那残忍的宴客者报仇,假装这死人的妻子,把他这个大人杀来祭献,叫他赔偿孩子们的性命。

**歌队** (第二曲次节)你对这杀人的事可告无罪——但是谁给你作证呢?这怎么,怎么可能呢?也许是他父亲的罪恶引出来的报冤鬼帮了你一手。那凶恶的阿瑞斯在亲属的血的激流中横冲直撞,他冲到哪里,哪里就凝结成吞没儿孙的血块。(本节完)

(叠唱曲)国王啊国王,我应当怎样哭你?应当从我友好的心里向你说什么?你躺在这蜘蛛网里,这样遭凶杀而死,哎呀,这样耻辱地躺在这里,被人阴谋杀害,死于那手中的双刃兵器下。

**克吕泰墨斯特拉** 我既不认为他是含辱而死……因为他不是偷偷地毁了他的家,而是公开地杀死了我怀孕给他生的孩子,我所哀悼的伊菲革涅亚。他自作自受,罪有应得,所以他不得在冥府里夸口;因为他死于剑下,偿还了他所欠的血债。

**歌队** (第三曲首节)我已经失去了那巧妙的思考方法,不知往哪方面想,当这房屋坍塌的时候。我怕听那血的雨水哗啦地响,那会把这个家冲毁;现在小雨初停。命运之神为了另一件杀人的事,正在另一块砥石上把正义磨快。(本节完)

(叠唱曲)大地啊大地,愿你及早把我收容,趁我还没有看见他躺在这银壁的浴盆里！谁来埋葬他？谁来唱哀歌？你敢做这件事吗？——你敢哀悼你亲手杀死的丈夫，为了报答他立下的大功，敢向他的阴魂假仁假义地献上这不值得感谢的恩惠吗？谁来到这英雄的坟前，流着泪唱颂歌，诚心诚意好生唱？

**克吕泰墨斯特拉**　这件事不必你操心；我亲手把他打倒，把他杀死，也将亲手把他埋葬——不必家里的人来哀悼，只需由他女儿伊菲革涅亚，那是她的本分，在哀河的激流旁边高高兴兴欢迎她父亲，双手抱住他，和他接吻。

**歌队**　（第三曲次节）谴责遭遇谴责；这件事不容易判断。抢人者被抢，杀人者偿命。只要宙斯依然坐在他的宝座上，作恶的人必有恶报，这是不变的法则。谁能把诅咒的种子从家里抛掉？这家族已和毁灭紧紧地粘在一起。（本节完）

　　（叠唱曲）大地啊大地，愿你及早把我收容，趁我还没有看见他躺在这银壁的浴盆里！谁来埋葬他？谁来唱哀歌？你敢做这件事吗？——你敢哀悼你亲手杀死的丈夫，为了报答他立下的大功，敢向他的阴魂假仁假义地献上这不值得感谢的恩惠吗？谁来到这英雄的坟前，流着泪唱颂歌，诚心诚意好生唱？

**克吕泰墨斯特拉**　你这个预言接近了真理；但是我愿意同普勒斯忒涅斯的儿子们，家里的恶魔缔结盟约：这一切我都自认晦气，虽是难以忍受；今后他得离开这屋子，用亲属间的杀戮去折磨别的家族。我剩下一小部分钱财也就很够了，只要能使这个家摆脱这互相杀戮的疯病。

## 十二　退　场

埃癸斯托斯自观众右方上。

## 原文

**埃癸斯托斯** 报仇之日的和蔼阳光啊！现在我要说,那些为凡人报仇的神在天上监视着地上的罪恶;我看见这家伙躺在报仇神们织的袍子里,真叫我痛快,他已赔偿了他父亲制造的阴谋罪恶。

　　从前,阿特柔斯,这家伙的父亲,做这地方的国王,堤厄斯忒斯,我的父亲——说清楚一点——也就是他的亲弟兄,质问他有没有为王的权利,他就把他赶出家门,赶出国境。那不幸的堤厄斯忒斯后来回家,在炉灶前做一个恳求者,获得了安全的命运,不至于被处死,用自己的血玷污先人的土地;但是阿特柔斯,这家伙不敬神的父亲,热心有余而友爱不足,假意高高兴兴庆祝节日,用我父亲的孩子们的肉设宴表示欢迎。他把脚掌和手掌砍下来切烂,放在上面……堤厄斯忒斯独坐一桌,他不知不觉,立即拿起那难以辨别的肉来吃了——这盘菜,像你所看见的,对这家族的害处多么大。他跟着就发现他做了一件伤天害理的事,大叫一声,仰面倒下,把肉呕了出来,同时踢翻了餐桌来给他的诅咒助威,他咒道:"普勒斯忒涅斯的整个家族就这样毁灭!"

　　因此你看见这家伙倒在这里,而我正是这杀戮的计划者——我有理呢,因为他把我和我不幸的父亲一同放逐,我是第十三个孩子,那时候还是襁褓中的婴儿;但是等我长大成人,正义之神又把我送回。这家伙是我捉住的——虽然我不在场——因为这整个致命的计划是由我安排的。情形就是如此,我现在死了也甘心,既然看见了这家伙躺在正义的罗网里。

**歌队长** 埃癸斯托斯,我不尊敬幸灾乐祸的人。你不是承认你有意把这人杀掉,这悲惨的死又是你一手计划的吗?那么,我告诉你,到了依法处分的时候,你要相信,你这脑袋躲不过人民扔出的石头,发出的诅咒。

**埃癸斯托斯** 你是坐在下面的桨手,我是凳上的驾驶员,你可以这样胡说吗?尽管你上了年纪,你也得知道,老来受教训多么难堪,当我教你小心谨慎的时候。监禁加饥饿的痛苦,甚至是教训老头子、医治思想病最好的先知兼医生。难道你有眼睛看不出来吗?你别踢刺棍,免得碰在那上面,蹄子受伤。

**歌队长** 你这女人①,你竟自这样对付这些刚从战争里回来的人,你呆在家里,既玷污了这人的床榻,又计划把他,军队的统帅,杀死了!

**埃癸斯托斯** 你这些话是痛哭流涕的先声。你的喉咙和俄耳甫斯的大不相同:他用歌声引导万物,使它们快乐,你却用愚蠢的吠声惹得人生气,反而被人押走。一旦受到管束,你就会驯服。

**歌队长** 你好像要统治阿耳戈斯人!你计划杀他,却又不敢行事,亲手动刀。

**埃癸斯托斯** 只因为引诱他上圈套,分明是妇人的事;我是他旧日的仇人,会使他生疑。总之,我打算用这家伙的资财来统治人民;谁不服从,我就给他驾上很重的轭——他不可能是一匹吃大麦的骖马,不,那与黑暗同住的可恨的饥饿将使他驯服。

**歌队长** 你为什么不鼓起你怯懦的勇气把这人杀了,而让这妇人来杀,以致玷污了这土地和这地方的神?啊,俄瑞斯忒斯是不是还看得见阳光,能趁顺利的机会回来杀死这一对人,获得胜利?

**埃癸斯托斯** 你想这样干,这样说,我马上叫你知道厉害!喂,朋友们,这里有事干呀!

众卫兵自观众左右两方急上。

**歌队长** 喂,大家按剑准备!

**埃癸斯托斯** 我也按剑,不惜一死。

**歌队长** 你说你死,我们接受这预兆,欢迎这件一定会发生的事。

# 原文

**克吕泰墨斯特拉**　不,最亲爱的人,我们不可再惹祸事;这些已经够多,够收获了——这不幸的收成!我们的灾难已经够受,不要再流血了!可尊敬的长老们,你们……家去吧,在你们还没有由于你们的行动而受到痛苦之前!我们的遭遇如此,只好自认晦气。如果这是最后的苦难,我们倒愿意接受,尽管我们已被恶魔强有力的蹄子踢得够惨了。这是女人的劝告,但愿有人肯听。

**埃癸斯托斯**　但是这些家伙却向我信口开河,吐出这样的话,拿性命来冒险!(向歌队长)你神志不清醒,竟咒起主子来了!

**歌队长**　向恶棍摇尾乞怜,不合阿耳戈斯人的天性。

**埃癸斯托斯**　但是总有一天我要惩治你。

**歌队长**　只要神把俄瑞斯忒斯引来,你就惩治不成。

**埃癸斯托斯**　我知道流亡者靠希望过日子。

**歌队长**　你有本事,尽管干下去,尽管放肆,把正义污辱。

**埃癸斯托斯**　你要相信,为了这愚蠢的话,到时候你得付一笔代价。

**歌队长**　你尽管夸口,趾高气扬,像母鸡身旁的公鸡一样!

**克吕泰墨斯特拉**　(向埃癸斯托斯)别理会这些没意义的吠声;我和你是一家之主,一切我们好好安排。

活动台转回去,后景壁还原。

克吕泰墨斯特拉、埃癸斯托斯进宫,众卫兵随入。

歌队自观众右方退场。

(罗念生　译)

**注释:**

① 当指克吕泰墨斯特拉。

## 赏 析

如果说,《被缚的普罗米修斯》是埃斯库罗斯最著名的作品,那么《阿伽门农》堪称埃斯库罗斯最杰出的悲剧作品。《阿伽门农》为《俄瑞斯忒亚》三部曲的第一部。《俄瑞斯忒亚》是现存古希腊悲剧中唯一完整的三部曲,以宏大有序的戏剧结构和悲壮凛然的气氛叙述一个世代仇杀、冤冤相报的悲剧故事。

三部曲以阿伽门农的父亲阿特柔斯和叔父堤厄斯忒斯结仇为背景,展开连环复仇行动。第一部曲《阿伽门农》写阿伽门农为夺回弟媳海伦,出兵特洛伊,为平息神怒不惜杀死自己的女儿伊菲革涅亚献祭。阿伽门农的妻子为给女儿报仇,与情人埃癸斯托斯勾结杀死胜利归来的阿伽门农。第二部曲《奠酒人》写阿伽门农的儿子俄瑞斯忒斯为报父仇,杀死自己的母亲之后,被复仇女神追赶,要他还清杀母血债。第三部曲《报仇神》写报仇女神为维护没落的女权制,将俄瑞斯忒斯告上法庭,经过一番辩论,法庭庭长雅典娜判俄瑞斯忒斯无罪。

《阿伽门农》作为《俄瑞斯忒亚》三部曲的第一部,为整个三部曲渲染出浓郁的悲剧气氛,为剧情的发展奠定基础。《阿伽门农》全剧共分十二个场次。本书节选了其中的开场、第三场、第五场和退场。

开场以阿伽门农宫殿守望人看见从远处传来的胜利火光而欢欣鼓舞为引子,用短短的三十九行开场诗,点明了时间、地点和剧情,并暗示出不祥的预兆。之后的进场歌,诗人用抒情而忧郁的笔调交代剧情。歌队中的十二个长老悲伤地回忆十年前阿伽门农和墨涅拉俄斯率军出征特洛亚前,阿伽门农将女儿送上祭坛,少女如羔羊般无力反抗的情形,为全剧定下悲惨的基调。从第一场开始,阿伽门农的妻子克吕泰墨斯特拉登场。克吕泰墨斯特拉是埃斯库罗斯创造的最有声色的形象,她阴险毒辣,敢作敢为,一

## 赏析

出场便使整部戏剧的气氛变得相当紧张。埃斯库罗斯善于用语言塑造人物的性格，他以雄浑的诗句和男人般的口吻将克吕泰墨斯特拉塑造成气势汹汹、咄咄逼人的女人。

从开场到第二合唱歌，诗人共用七百八十二行诗，以将近全剧一半的篇幅，为阿伽门农的登场做准备。这显得有点冗长，但就三部曲的结构而言，却是合情合理的，这为后两部曲做了极好的铺垫。第三场中，悲剧主角阿伽门农登场，剧中的冲突真正发展起来。歌队长对胜利归来的阿伽门农并没有献上隆重的主祝辞，而是谴责他的不义之战，并警告他要洞察人心，暗示克吕泰墨斯特拉的毒计将发生。古希腊人认为被人过分恭维，将招惹天神嫉妒，引向死亡。克吕泰墨斯特拉以极为华丽的辞藻迎接阿伽门农，有意引起天神的嫉妒。克吕泰墨斯特拉每句话都语带双关，她强使阿伽门农踏着紫色花毡入宫，要"让正义之神引他进入他意想不到的家"，显然是要让阿伽门农犯下傲慢罪，并最终用死来赎罪。阿伽门农在克吕泰墨斯特拉的软硬兼施之下，走上花毡，这使克吕泰墨斯特拉欣喜若狂。她的目的达到了，暴风雨一触即发。

第五场是全剧的高潮，阿伽门农挨了克吕泰墨斯特拉三剑倒地而死。诗人用浓墨重彩刻画克吕泰墨斯特拉这个人，她的残酷恶毒被淋漓尽致地展露出来，她因复仇而痛快，面对死亡没有忏悔和畏惧，依旧威风凛凛。而在这高潮到来之前，诗人用了二百九十九行诗，推出特洛伊的女俘卡珊德拉和歌队的对话，来延宕谋杀的行动，进一步制造悲剧的气氛，使得观众的悲悯、愤怒、紧张的情绪交汇推向新的顶点。

《阿伽门农》的退场部分，仍显得气氛紧张，情节意犹未尽。如果按照古希腊的戏剧审美原则，悲剧应在平静中结束，以崇高肃穆的审美效果净化观众的心灵，《阿伽门农》的退场显然有别于其他悲剧。但是，如果把《阿伽门农》放在三部曲的框架中，《阿伽门农》相对缓慢的节奏，为整个三部曲奠定了浓郁的悲剧气氛。退场成功地衔接了第二部曲《奠酒人》。

## 赏析

　　古希腊悲剧大多取材神话传说,渗透着浓郁的命运观和因果报应观。埃斯库罗斯浸染于古希腊文化之中,深信命运支配着人的行动。他将三位命运女神当作最高的神,认为所有的神包括宙斯都受其控制。阿伽门农的死被认为是命运的安排,"命运所注定的那样","无法逃避他的命运",同时也是因果报应的结果。他杀死了自己的女儿,得到的报应是被妻子克吕泰墨斯特拉所杀。克吕泰墨斯特拉杀夫有罪,死在自己的儿子手中;儿子为父杀母,遭受复仇女神的逼迫。这一系列连环复仇、因果报应起于阿伽门农祖先的诅咒,结束于雅典娜法庭的裁判。法的精神战胜了悲壮的命运观念和血腥的复仇行动,文明战胜了野蛮。这里值得一提的是诗人的民主观。埃斯库罗斯本人反对僭主制度,反对暴力,极力捍卫民主制度,保卫希腊人的自由,这种思想在剧中有所表现。阿伽门农远征回来,长老们责备他的不义之战,并暗示克吕泰墨斯特拉企图使用暴力压迫人民。阿伽门农说了这样的话:"其余的有关城邦和神的事,我们要开大会,大家讨论。健全的制度,决定永远保留。"阿伽门农是善于听取意见的君王,有一定的民主精神,诗人借用悲剧人物来倡导民主精神。

　　埃斯库罗斯是个才华横溢的诗人,他在悲剧中展现的语言天赋令人叹为观止。他的笔调具有流动之美,如浩荡的江河,滔滔不绝奔腾向前;他的辞藻富丽而不失真诚。他的奇特的想象力为比喻插上绝妙的翅膀,用极为形象的语言敏锐地表达出了人物的思想感情,尽管两千五百年已经过去了,今天的我们读起来仍不乏"新鲜出炉"之感。如守望人对宫廷败落产生难以启齿的伤感而感叹:"恐惧代替睡眠站在旁边……我就为这个家的不幸而悲叹,这个家料理得不像从前那样好了。……其余的事我就不说了,所谓一头巨牛压住了我的舌头。"阿伽门农胜利归来,意气风发地炫耀他带来的女俘:"没有人情愿戴上奴隶的轭;她是从许多战利品中选出来的花朵,军队的犒赏。"而当克吕泰墨斯特拉杀死阿伽门农之后,张扬着自己的复仇快感唱道:

| 原文 |

"我的畅快不亚于麦苗承受天降的甘雨,正当出穗的时节。"诸如此类的言语俯拾皆是。简单的文字,传神的表达,再加上散发出来的古希腊人文情怀和宿命的宗教观,使读者和观众深深沉浸于真正的诗的精神中。

(蔡 枫)

# 波斯人

| 作品提要 |

波斯国王塞克塞斯召集海陆大军前去讨伐希腊,特别要报复雅典,为他父亲大流士雪除马拉松战败的耻辱。国王临去时,任命了一些长老执行政事。这时因为军情隔绝,这些长老们会集在一块儿议论国王的吉凶。王太后阿托萨出来请求长老们解释一个噩梦,那梦对她的儿子很不吉利。长老们劝她去祈神,去祭祀地母与阴魂。王太后还问起雅典人是什么人,他们怎能够抵抗波斯的大军。正说时一个信使回来,报告波斯水军在萨拉弥斯全军覆没,陆军也在归途上损失了一大半。王太后没有去祭祀神,却跑到她先夫大流士坟前去祈祷。死者的阴魂为歌队的咒语所惊醒,出来责备他们不该去攻打希腊,还预言波斯人会在普拉泰阿打败仗,因为他们亵渎了神明,毁坏了希腊的神殿。此外还说起他儿子愚昧的行为必遭失败。最后,国王经过塞萨利逃回了亚洲,忧闷地归来。

| 作品选录 |

## 一 歌队进场时的合唱

长老歌队上。

# 原文

**歌队** 我们是波斯信靠的元老。我主塞克塞斯讨伐希腊去了;他看我们年高位重,令我们治理国土,拱卫这富丽的宫廷。

提起国王的回銮和将士的凯旋,我的内心便料到大祸临头,完全扰乱了。亚细亚的全军出征去了,我很担心这年轻的国王,怎还没有一个信使,一个骑士回到波斯城里?那些健儿有的乘车,有的航海,还有云集的兵士整队前行,他们离开了苏萨古昔的城楼出征去了。当中有麦加巴忒斯和阿塔拍斯几员大将,他们本是国王,却来向波斯大帝称臣。他们统率着车骑与弓手向前猛进,他们的志气很坚强,在战场上真是威风凛凛!还有阿忒巴勒斯骑士和法蓝达刻斯。

强盛丰腴的尼罗河也遣来了几员大将,还遣来了那沙洲上的水手和无数的人马。奢侈的吕狄阿人和小亚细亚的希腊人也在后面紧随。凶猛的阿克条斯王和富丽的萨耳得斯驱使他们驾着车马奔来,两三匹马并驾齐驱,那景象真令人丧胆。那些住在特摩罗斯山前的人:如像抵御戈矛的萨律比斯和那些善于掷镖的弥索斯人都成心叫希腊人带上奴隶的羁绊。黄金的巴比伦也派来那散漫的军队,里面有乘舟的水师和忠勇可靠的弓手;那些带着偃月刀的兵士,应了国王威严的号召,从全亚细亚奔来效命。这就是前去希腊的将士,波斯国土的鲜花,那生养他们的全亚细亚都为想念他们发出沉痛的悲哀,他们的父母妻子每次计数日程,那拖延的岁月便使他们发抖。

## 二 第一支歌

……

**歌队首领** 来,长老们,让我们坐在这古老的宫前细细思量,这才是我

> 原文

们的急务。我们同宗的国王到底怎样了?——试看他祖先柏修斯的名字便可以明白他是我们同族的人。——到底是波斯的弓箭得胜了呢,还是希腊的戈矛得胜了?

阿托萨王后穿着华贵的衣服乘车上。

　　前面闪出了一朵光华,她在我的眼中与天地同尊,她是国王的母亲,是我的太后。我们跪伏在地,全体向她献上朝贺的颂辞。

## 三　第一场

**阿托萨**　我离了那黄金的宫廷,离了我和大流士相处的寝殿,来到这儿。我心里很是忧虑,朋友,我告诉你们:我自己产生了一种畏惧的心理,恐怕这蒸蒸日上的富强会败坏国家的幸福,这幸福乃是先王大流士凭了天神的佑助为我们造下的。因此我心中起了两种顾虑:我决不珍重人丁丧尽时的财富;但若没有财富,人力也就不中用。我们的财富已算是满足,我只担心主上的安全。我把国王的丰采当作这宫廷的光荣。你们这些信靠的长老啊,事实既然是这样,就请忠告我;因为一切忠心的见解全靠在你们身上。

**歌队**　你应该很明白,我邦的太后啊,你不必再次叮咛,要我们指示你:你既然叫我们来做谋臣,我们自然会好好地关心国事。

**阿托萨**　自从我的儿子带着人马前去践踏希腊后,我在夜间做了许多噩梦。但我从没有见过一个梦境像昨夜的那么清楚。我可以告诉你:

　　我在梦中看见两位穿得很漂亮的女郎,有一位穿着波斯的长袍,有一位穿着希腊的短服。她两人的身材比现在的人高大得多,而且美丽无瑕,简直是同宗的姊妹;她们的命运注定了一位生长在希腊,一位寄居在外邦。据我看来,这一对人彼此发生了争吵;我的儿子知道了这事,便出来劝阻她们,安慰她们;他用绊带系着她们的颈项,把她们驾在车前。有一位很高傲地带着鞚绊,听顺缰辔的牵引。那另一位却竭力反抗,双手拆散了驾马的车具。她脱离了辔头,用力拖着车子跑,把衡轭折成了两截。我的儿子从车上滚了下来,他的父亲大流士立在旁边怜恤他;他看见了父亲,撕毁了自己身上的衣袍。

这就是我昨夜所见的梦境。我起床后,在那清亮的泉水里净了手,捧着礼品走近祭台前,一心要献上琼浆去敬礼那祛邪的真神,敬礼那些享受这祭品的真神。我忽然看见一只大鹰逃向日神的祭台,我恐惧地站在那儿,卿家啊,我连话都说不出来了。后来我发现了一个鹞子敛翼扑来,用利爪抓着大鹰的脑袋,那飞禽全然不反抗,把身子一缩就献给了敌人。

这便是我所见的可怕的事;在你们听来,也是可怕啊!你们可以相信:如果我的儿子立下了功劳,那便是一个奇迹;如果失败了,他对于国家也没有什么责任可言。只要他平安返国,他必如先前一样统治着这国土。

**歌队** 国母啊,我们不愿过分地惊动你,也不愿使你太高兴了。如若你见了什么烦琐的事,快去祈求天神祛禳这些预兆,为你自己,为你的子孙,为国家,还为一切的朋友把事情安排得十分美满。你再去把蜜油奠给地神和逝去的幽灵,取悦你的先夫大流士,你说你曾在夜里看见他。快求他为你和你的儿子把尘世的幸福从地下送回人世,把不祥的事物埋藏在地下,让它在黑暗里消失。我这样善意地忠告你,这是由我的心底里发生的。据我们解答,一切的事情对你都很圆满。

**阿托萨** 无论如何,你这首位解梦人总算是怀着好意,为我的儿子和这

## 原文

### 一

  宫廷道出了这确切的忠言。但愿一切的事情都很顺遂！等我回到宫中，我必把你们所嘱托的礼品献给天神和地下的鬼魂。但在目前，朋友们，我很想知道希腊在什么地方？

**歌队**　远着呢，远在那太阳西沉的地方。

**阿托萨**　你真以为我的孩儿想去夺取他们的都城吗？

**歌队**　是呀，好使全希腊都降服于国王。

**阿托萨**　他们有多少兵力可以保护他们的自由？

**歌队**　他们有那种军队，那曾在马拉松击败了波斯的军队。

**阿托萨**　此外他们还有什么？他们家里堆积着丰富的财宝么？

**歌队**　他们的地下珍藏着银矿的泉源。

**阿托萨**　他们善于射箭吗？

**歌队**　不善于，但他们有短兵相接的戈矛和卫身的盾牌。

**阿托萨**　谁是他们的牧人，谁是他们军中的统帅？

**歌队**　他们不做臣民与奴隶。

**阿托萨**　他们怎能够抵御外邦的敌人？

**歌队**　他们尚且毁灭了大流士的精兵良将。

**阿托萨**　你这话叫那些兵士的父母听了是多么难堪啊！

  信使上。

**歌队**　我看你立刻就可以洞悉一切的真情：因为前面来了一位波斯的信使，我们可以问他带回了什么确实的军信；不论是吉是凶。

**信使**　全亚细亚的都城啊，波斯的领土和财宝的藏府啊，怎么轻轻一打击，你们的幸福便消失了？波斯的花朵便枯萎了？哎呀，做一个首先传递凶信的人真是苦啊；但是呀，我得把战败的消息透露出来，波斯人啊，我们的全军覆灭了！

首节一

**歌队** 可怜呀,可怜的惨败呀,这真是稀奇,真是残忍啊!哎呀呀,你们这些波斯人啊,你们听了这愁怜的消息,放声痛哭呀!

**信使** 我们的大军完全失败了,快哭呀;料不到我自己尚有生还之日!

首节二

**歌队** 我们这些老命活得太长了,竟自听到了这意外的灾难!

**信使** 长老们啊,我曾参与这次战争,这消息并不是听旁人说的,我可以把这次战败的情形告诉你。

次节一

**歌队** 哎呀呀!我们徒劳那联合的大军从亚洲去了希腊敌国。

**信使** 萨拉弥斯海滩上满堆着殉难的尸体。

次节二

**歌队** 哎呀呀!你说起我们的儿郎尸身穿着戎装,在海水里浮沉,任波涛冲击。

**信使** 我们的弓箭全不中用,双方的兵船彼此撞击,我们的水师便完全覆没了。

第三节一

**歌队** 为那些可怜的波斯人放出悲声,他们死得这样惨,哎呀,全都死去了。

**信使** 萨拉弥斯这名字叫我听了真可恨,呀,想起了雅典城我就悲伤。

第三节二

**歌队** 雅典城真是可恨啊;记得她曾叫多少波斯人变做了孤儿寡妇。

**信使** 哎呀,做一个首先传递凶信的人真是苦啊;但是呀,我得把战败的消息透露出来,波斯人啊,我们的全军覆灭了!

**阿托萨** 这噩耗真把我吓呆了,吓得我半晌无言;不必我说,这灾难实在太重了。但是天作孽凡人得忍受。就说是你伤心国难,也得要

## 原文

> 镇定些,快把全盘的灾难泄漏出来!告诉我谁还是活着的?我们应该哭悼哪一位将军?——我们派他去统率军队,他却已离弃了职守,死在沙场。

**信使** 国王自己倒还是活着的,还看得见阳光。

**阿托萨** 你这话使我的宫殿生辉,好像黑夜后得见光天化日。

**信使** 那统率万骑的阿试巴勒斯撞死在那残忍的沙滩上;那统率千军的达达刻斯受了矛伤,从船上轻轻就跃了下去;大夏古族的主帅忒那功正在那海水冲刷着的岛上作祟。力来俄斯也碰死在那石滩上,沿着那饲鸽的海岛浮沉。那来自尼罗河的阿克条斯也从船上翻身落水。那统率一千兵士、三千铁骑的马塔罗斯战死时把他的黑须染红了,把皮肤也染成了血红的颜色。吕耳那族中的美男子萨律比斯变成了一具丑恶的尸体,怪可怜地躺在那儿。西里西亚勇敢的王子绪涅息斯也光荣地死在那儿,他曾苦苦地压迫过敌人。我们的损失原很重大,我只报告了这一点儿。

**阿托萨** 哎呀,我听了这惨败的消息,这是波斯人的耻辱,波斯人的悲哀。且回到原来的话上,告诉我这一点:希腊人有多少海军,使他们敢于和波斯的水师接战?

**信使** 如果全凭多寡决定胜负,我们波斯人的海军一定可操胜算。因为希腊人约只有三百只军舰,此外还有十只精选的;至于国王呢,我清清楚楚知道他有一千只战舰和二百零七只快船。这便是双方的数目。你以为这次战争我们的兵船落后了么?不,那只是什么天神用不齐的运数把天秤压了下去,毁灭了我们的水军。这原是天神保全了女战神的山城。

**阿托萨** 雅典城竟不曾毁灭吗?

**信使** 只要她的人民存在,她的城子就可安全。

# 原文

**阿托萨**　告诉我,谁先发动这一场海战?谁先开始,是希腊人,这战争;还是我的儿子仗恃兵多,先发制人?

**信使**　主啊,那是报仇神或是天上的恶魔出来发起了这不祥的事。有一个希腊人从雅典军中跑来禀告你的儿子,说当天晚上希腊人不会严守阵地,他们想跳上船凳,偷偷地向各处逃命。

　　国王听了这话,不明白希腊人的诡计,更不领会天神的妒意,他马上向全体舰长宣布了这道命令:当太阳收拾了那普照大地的光亮时,当黄昏笼罩着天体时,叫他们把主要的船只紧接列成三排,防守着那海口和波涛汹涌的海峡;还用那其余的舰队围着萨拉弥斯。要是希腊人逃过了这道难关,他们的船只偷偷地遁去了,全体的船长都要受斩刑。国王下令时心里十分高兴,因为他全不明白天神所安排的结果。

　　于是我们的兵士听从命令,严守秩序,用过了晚餐,每个水手把桡子好好地套在架上。等落日西沉后,黑夜来临时,每一位水手,每一位善战的兵士都上了船;这几列舰队互相鼓励,各自驶到了各自的位置上,每一位队长命令他全体的船只通宵在港内巡游。看看黑夜将尽,希腊海军还不曾偷偷地驶出来。

　　但是等白日的光照耀到大地时,首先从敌方响出了一阵吼声,像是凯旋的歌唱,同时那岛上的崖石清晰地送来了一阵回音。我们知道中了计,大家害怕起来:因为敌人并不像唱着庄严的战歌在逃跑,却是汹涌地冲出来接战。于是全军的战号齐鸣,他们得了司桨人的口令,那泼水的桡子立刻就一齐摇进水中。顷刻间他们便全体出现了。他们的左翼首先严整地在前面领导,大队的船只跟在后面。正在这时候我们听见了一种很长的呼声:"前进呀,希腊的男儿啊,快解救你们的祖国,解救你们的妻儿子女,解救你们祖

## 原文

先的神殿与坟茔！你们现在为自己的一切努力战斗！"

同时从我们这边响起各种嘈杂的声音。这时机不可拖延，于是那铜饰的船头立刻就互相撞击起来。有一只希腊船向着一只腓尼基的船身进袭，击破了我们的船梢；于是每一只船都向着敌人撞去。起初我们波斯的长蛇舰队还能抵抗；等到这许多船只集中在那狭小的港内时，非但不能彼此顾及，并且用那包铜的船头对着自己的船身撞去，撞坏了全船的桡扁。敌方的战舰不肯失去良机，围着我们攻打，把我们的船弄翻了。海面上看不见水，净是破船片和被杀的尸体；海滩上和礁石上也满堆着尸体。其余的波斯船都在纷乱中逃遁。我们的兵士就像是金枪鱼或是一网小鱼让人家用破桡与船片打击宰杀。呻吟与哀唤的声音充塞了海上，直到黄昏后才停止。惨痛的事情多着呢，就叫我细数十天，我也数不完啊！但你很可以相信，我们从未在一日之间丧失过这样多人！

**阿托萨** 哎呀，波斯人和全体的友邦人都沉没在这无边的苦海里啊。

**信使** 你可以相信我还没有把这惨败的消息道出一半呢，他们所遭受的苦痛比这个还重大得多呢！

**阿托萨** 还有什么灾难比这个更是可恨啊？告诉我，我们的大军遭受了什么别的灾害，比这个还重大的灾害呢？

**信使** 这些波斯人少年勇敢，他们的门第很高贵，他们对国王最是忠心——却很耻辱地死在那最不光荣的命运中。

**阿托萨** 长老们，这不幸的灾难真使我痛心啊！（向信使）你说他们是怎样死的？

**信使** 萨拉弥斯前面有一个险恶的小岛，那欢舞的潘山神时常在那海岸上流连。国王遣派精锐去到了那儿，等败覆的希腊敌军从船上下来逃命时，好截击他们，那才容易呢；同时还可以救助海峡内的友军。

哪知他算错了这个结局！因为天神让希腊人取得了海上的光荣。他们当天穿上了精良的铜甲，带着兵器跃下船来，把全岛围得水泄不通，使我们迷乱得不知向何处逃遁。敌人用石头挥击我们，那弦上飞出的利箭有如雨下，我们的兵士就这样死亡了。后来敌人呼吼一声冲了过来，宰割我们这些可怜人的肢体，杀得一命不饶。国王坐在那海边的高山上，从他的银座上俯视全军，他看见了这惨败的情形高声号啕。他撕破了王袍，大呼大嚷，立刻下令叫他的陆军纷纷退走。除了那先前所说的以外，这便是你应该痛哭的灾难。

**阿托萨**　可恨的厄运啊，你怎样骗过了波斯人的心意！我的儿子在光荣的雅典城遭受了一种残忍的创痛；从前损失在马拉松的人马还不够吗？他原想去报仇雪耻，反而惹出了这无穷的灾难。但请告诉我，你在什么地方离开了那些脱险的船只，你说得清楚吗？

**信使**　那些脱险的船只顺着西风纷纷逃避。那些残余的陆军又损失在博俄替阿，有的渴死在甘泉之畔，有的疲惫不堪，经过许多地方逃到了斯特律蒙河。那晚上，天神便提前唤起了严冬，让那圣洁的河流冻成了冰。那些先前不敬神的人都祈祷起来，礼拜天地。我们的兵士求完了神便涉冰过去。那些趁着阳光还没有射出时便动身的人安全地到达了对岸。不久太阳的光环发出烈火来把冰河从中融解，我们的兵士便一个一个坠入了水中，那断气最快的人倒算是有福。那其余得救的人辛辛苦苦地穿过了特拉刻；能够逃回家的并没有几人。我们波斯的都城正好痛哭这些可爱的青年。这消息全是真的，这些天降的灾难还有许多我不曾道及。（下）

**歌队**　你这降祸之神啊，你带着什么重力来欺压全波斯的种族？

**阿托萨**　波斯的大军覆灭了，我真是不幸啊！我昨夜所见的鲜明梦兆啊，你曾把这些灾难十分明白地显示与我。

## 一 原文

（向歌队）你们把这个梦解释得太容易了；你们既然是这样说，我愿意首先去祈神，再从宫里带着蜜油出来，带着地神和死者的祭品出来。我明知这是"亡羊补牢"，却只望来日转好。但为了这些不祥的事，你们得互相交换你们的忠心见解。如果我还没有出来时我的儿子便回来了，你们得要安慰他，把他带进宫里去，恐怕他在这些祸事里更生出祸事来。（乘着原车下）

## 四 第二支歌

**歌队** 我主宙斯啊，你如今毁灭了高傲的波斯人的大军，用一层灰暗的忧愁掩罩着苏萨城。许多妇女同来哭悼，用纤弱的手指撕毁了面纱，那浸濡的眼泪湿透了她们胸前的衣褶。那些波斯的妻子痛哭不定，在忧伤里想望新婚的夫君。他们离弃了那柔软的床帏，再不能在那床帏里享受青春的和乐。我自己也放出这真诚的悲歌来哭悼那些从军的死者。

……

## 五 第二场

阿托萨王后上。

**阿托萨** 朋友们，那些吃过苦的人很明白这个道理：当那灾难的波浪打击到凡人身上时，他们对于一切事物都会吃惊的；当命运很顺遂时，他们总相信那同样的命运永远是顺遂的。这一切可怕的事情在我看来都是从上天降下的；这一切喧嚷的声音在我听来都是悲哀的：这便是我们的灾难所生出的恐怖，简直吓坏了我的心灵。

因此我再从宫里出来，今回没有乘坐銮车，不似先前那样喧嚣。我为先夫捧出这安慰幽灵的奠醑，里面有美味白乳，那是从纯洁的牡牛身上取出的；还有贞泉里的净水和澄黄的蜜糖，那是百花的菁液；还有清纯的美酒，那是从古老的葡萄林里采来酿制的。我还捧着这繁荫的橄榄树上的香果；和这滋生的大地所开放的花朵。

　　朋友们，当我为死者致祭时，当我为下界的鬼神把这些礼品奠在地下时，你们唱一支敬神歌，把大流士的圣灵请出来。

## 第三支歌

**歌队**　波斯最尊贵的王后啊，你把这祭品奠到黄泉，我们便唱着敬神歌祈求下界的鬼神佑助我们。

　　冥府的神灵啊，地神，神使和鬼魂的阎王啊，快从地下把先王的幽灵送回阳世！万一他知道什么方法可以拯救我们，在凡人当中唯有他才知道怎样消除我们的灾难。

……

## 七　第三场

大流士的鬼魂上。

**大流士**　壮年时的友伴啊，波斯最信靠的元老啊，我们的国家发生了什么灾难，使你们捶胸痛哭，把我的坟土践成了犁痕？我看见太后站在墓旁，吃惊不小，我怀着好意接受了她的祭奠。你们也站在我的墓旁高唱敬神歌，苦苦地祈求我。黄泉的道路不容易退回，因为冥王取人时从不留情。只因我在地下依然是南面称尊才得归来。快说呀，不要耽误了我的时辰。波斯人究竟遭受了什么深重的灾难？

**歌队**

首节一

　　想起先前敬畏你的心情，我害怕看你，害怕同你对面交谈。

## 原文

**大流士** 我既然听顺你的呼唤从下界出来了,你就不必怕我,快把你的话从头到尾大略告诉我,不要拉得太长了。

**歌队**

首节二

我不敢讨你的喜欢,不敢当着你说,不敢对我的朋友说出这难说的事故。

**大流士** 既然是那旧日恐惧的心理在他的胸中作梗,尊贵的夫人,我敬爱的妻伴,请不必痛哭悲伤,快把这件事明白告诉我。凡间的人总会招惹凡间的祸患的。只要我们的命长,许多水陆的灾难都会落到我们身上。

**阿托萨** 你的幸运超过了一切人世的,你生前得见阳光时曾享受那可羡的快乐生命,波斯人民曾把你当作天神看待。还没有见到这深重的灾难你就死了,死了倒好。主啊,片刻间你便可以听完这件故事。据说是波斯的军力完全丧失了。

**大流士** 怎样丧失的?是突然发生了瘟疫,还是国内起了党派的分裂?

**阿托萨** 都不是,只因我们的大军在雅典城外覆灭了。

**大流士** 告诉我,是哪一个儿子带兵去的?

**阿托萨** 是暴烈的塞克塞斯带去的,他把大陆的人民完全丧失了。

**大流士** 原是那暴躁的儿子,他从陆地上还是从水道上去做出了这件傻事?

**阿托萨** 他从水陆两方前去,这两种军队原是分头进发的。

**大流士** 偌大的陆军是怎样过去的?

**阿托萨** 他设计把赫勒海峡连锁起来,渡过人马。

**大流士** 他竟然封锁了这广阔的海峡?

**阿托萨** 他竟然封锁了,那一定是什么天神成全了他的心意。

**大流士** 呀,那一定是什么全能的天神附在他身上,使他这样胡思蠢动。

**阿托萨** 是呀,我们看他结果弄得这样凄惨。

**大流士** 到底遭受了什么灾难,使你们这样悲伤?

**阿托萨** 海军的败覆危及了陆军。

**大流士** 我们的大军全都死在长矛下吗?

**阿托萨** 是呀,苏萨城痛哭她丧失了人马。

**大流士** 哎呀,那忠心的勇士,卫国的"长城"啊!

**阿托萨** 大夏的人马完全丧失了,连一个老兵都不留。

**大流士** 他连友军里的老兵都丧尽了,不幸的国王啊!

**阿托萨** 听说塞克塞斯很孤单地没有带着多少随从——

**大流士** 在什么地方出了危险?有没有安全之望?

**阿托萨** 侥幸地回到了那连锁双陆的长桥上。

**大流士** 并且平安回到了亚洲,这消息可靠吗?

**阿托萨** 是的,这消息已经证实了,这是无疑的。

**大流士** 哎呀!那神示竟显验得这样快,天帝宙斯把他的话应在我的儿子身上,我还相信要过了许多时候才能实现呢。但凡人作孽时,天神更是相催。现在啊,一大祸患临到了我的人民身上。我的儿子糊里糊涂地,凭着方刚的血气闹出了乱子。他想用镣铐把赫勒海峡的圣洁潮汐当一个奴隶锁起来,因此创出了一种新奇的水道:他用铁制的巨链抛过对岸,为他的大军筑成了一道长桥。他原是一个凡人,却妄想征服海神,征服一切的天神。这岂不是我的儿子发疯了?恐惧我辛辛苦苦为人民聚下的财宝会给那先下手的人掠去了。

**阿托萨** 暴烈的塞克塞斯同那些奸邪的人来往,才学会了这些事。他

## 原文

们时常怂恿他,说你凭借武力为你的子孙夺来了如山的财宝;说他胆怯如鼠,只在后宫里耀武扬威,不曾推扩先人所造下的幸福。他常听那些坏人这样咒骂,才决心去讨伐希腊的。

**大流士** 他因此造下了这绝难忘的灾难。自从我主宙斯赐予我们这种君主政体的光荣;只许一个国王统治着全亚细亚,掌持着那当权的王杖;从那时起我们的都城就不曾变得这样凄凉。那开国的主将是麦多斯;他的太子更完成了父亲的遗志,因为他善于用才智来驾驭他的心灵。那第三朝的君主是幸运的居鲁士,他取得了吕狄阿和夫律隔阿,还征服了小亚细亚的全体希腊人;他从此为人民创下了和平。天神从不曾厌弃他,因为他很聪明谨慎。居鲁士的太子承继他做了统帅。那第五朝的马耳多斯出来篡了王位,他是国家的耻辱,朝廷的污渎。忠勇的阿塔勒涅斯纠合同谋进宫去诛了这篡位的奸臣,这原是他们应尽的职分。于是我拈得了阄,登了王基。我也曾统率大军,东征西讨,可不曾使我的国家遭受了这样沉重的灾难,但是我的儿子少年气盛,竟然忘却了我的告诫。我童年的友伴啊,你们可以确信我们这些历来的君王从不曾闯下这样大的祸事。

**歌队** 我主大流士,那又怎样呢?你的话要说到什么地方为止?从今后我们这些波斯人应该怎样尽力处置呢?

**大流士** 你们不要再去讨伐希腊,就说是波斯的兵力十分强大:因为希腊的地利便是她的友军。

**歌队** 这怎样讲呢?怎样说是她的"友军"呢?

**大流士** 那不毛之地饿得死千百万人马。

**歌队** 但我们可以挑选精锐前往。

**大流士** 就是那些留守在希腊的精锐也不能安返故乡。

**歌队** 你说什么？我们的军队全都不能从欧洲渡过赫勒海峡吗？

**大流士** 如果我们信仰神示，看了过去的事实，就知道那一大队人马只有极少数能够生还；因为天神的预示并不是有的灵验，有的不灵验。如果这话是真的，那一定是无望的希望叫塞克塞斯留下了许多精良的军队。他们正停留在阿索坡斯河流的原野上，那河流把博俄替阿养得很肥沃。他们留在那儿，会遭受很大的损失，那正好惩罚他们暴戾的行为和不信神的思想：因为他们到了希腊后全不敬神，他们破坏了木偶，焚烧了天神的庙宇；更捣毁了祭台，把神像从座位上翻了下来，乱倒在地上。他们这样造下了罪孽，自身所受的痛苦也就不浅；还有许多苦楚留在后面呢：因为他们的痛苦泉源不曾枯涸，还在那儿冒涌呢，他们的热血将从斯巴达的矛尖流到普拉泰阿地上。那堆集如山的尸体正好给我们的后人一种无声的警戒：叫凡人的举止不可过高，"暴戾"一开花便结成"失败"的穗子，那收获净是一包泪水。

你们看这就是骄横暴戾所得的结果。牢记着希腊和雅典；不要鄙弃眼前所有的幸福，想要贪多，反而浪费了许多财富。天帝宙斯惯于惩戒那些暴戾的人，他的刑罚是很重的啊！因此你们得用合理的劝告去警戒我的儿子，叫他小心谨慎，不要那样暴躁，免得再犯天怒。

至于你，塞克塞斯的慈祥老母啊，快进宫里去把那尊贵王袍取出来，好去迎接你的儿子：因为他悲痛他的失败，把那绣金的王袍完全撕毁了。你得好言安慰他，因为，我知道，只有你的话他才肯耐心听。我自己就要回到地下的幽暗里去。长老们，且别了，你们就在患难中也不要忘了朝朝行乐，到死后黄金难买片时欢。（大流士的鬼魂下。）

**歌队** 听了波斯目前的和未来的苦难痛哭难堪。

**阿托萨** 天神呀,我竟遭受了这样沉重的灾难;听说我的儿子穿着那可耻的破衣衫,这事情最使我伤心,我要进去,从宫里取得了王袍再去迎接我的儿子;我不能在患难中抛弃了我的心肝。(王后下。)

## 八 第四支歌

**歌队**

首节一

　　哎呀,记得我们年高势厚的国王,那和平完善、与天神同尊的大流士当国时,我们曾在他的统治下享受过光荣美好的人生。

……

尾声

　　他很如意地控制着小亚细亚的希腊城,那些城池很富庶,人口又繁盛。他的武力从不曾衰萎,除了波斯的兵力外,他还有外邦的援军,但如今这一场海战败得一塌糊涂,这无疑是天神叫我们遭受了这恶劣的命运。

## 九 退 场

塞克塞斯国王上。

**塞克塞斯** 哎呀,我遭受了这意外的残忍命运,真是不幸啊!天神竟这样凶狠地践踏了波斯的种族!我这可怜的人怎样结果呢?我见了这些长老们,我的手脚都软了。天帝宙斯啊,但愿死神把我和那些死者一齐埋葬吧。

**歌队** 哎呀,国王啊!我们痛哭那忠勇的将士,痛哭波斯无上的荣光,还痛哭那军容严整的人马；他们如今全死在厄运的刀下。

**前唱** 大地哭悼她所生的男儿，哭悼那些为塞克塞斯而死的青年，这国王使地狱里充满了波斯的鬼魂：因为无数的弓手，成千成万波斯的青年之花完全死了，去到了地狱里面。哎呀，哎呀，我们可靠的"长城"啊！这地方的主上呀，亚细亚很可怜地屈下了膝头。

首节一

**塞克塞斯** 呀，我生来是我的宗族国家的祸根，是一个可悲可悯的人。

**歌队** 我放出，我放出这不祥的呼声，这多泪的悲音，这哭丧的马立安人的哀号来迎接你归来。

首节二

**塞克塞斯** 快发出那苦痛与粗野的呼声！因为命运已回头来和我作对。

**歌队** 是呀，我就发出这悲声来表现人民所受的苦难，表现那海上所遭遇的危险。全国都为那些战死的男儿哭悼，我也唱出这悲痛的歌声。

……

第七节一

**塞克塞斯** 快捶胸哭唤呀！

**歌队** 苦呀，苦呀！

**塞克塞斯** 再拔去你颔下的白须！

**歌队** 我们咬牙痛恨。

**塞克塞斯** 更嚷出那尖锐的呼声！

**歌队** 我们嚷，我们嚷。

第七节二

**塞克塞斯** 快用手指撕破你的衣褶；

— 原文 —

**歌队** 苦呀,苦呀!

**塞克塞斯** 还扭着头发痛哭王师!

**歌队** 我们咬牙痛恨。

**塞克塞斯** 快哭湿你们的眼睛!

**歌队** 我们哭湿了。

尾声

**塞克塞斯** 快回答我的哭声!

**歌队** 哎呀呀!

**塞克塞斯** 哭着回家去!

**歌队** 噫呀!噫呀!这回家的道路很难行。

**塞克塞斯** 让你们的履声响过城市。

**歌队** 是呀,是呀,让履声响过城市。

**塞克塞斯** 你们哭着步步轻移。

歌队随着国王慢慢退下。

**歌队** 噫呀,噫呀,这回家的道路很难行。

**塞克塞斯** 哎呀呀!那些死在楼船上的兵将啊!

**歌队** 我高声哭着送你还宫。

歌队随着国王下。

(罗念生 译)

| 赏 析 |

《波斯人》应该是埃斯库罗斯为希波战争写的纪念性剧作,因为埃斯库罗斯本人曾参加过希波战争,他的兄弟也在战争中阵亡。传说他曾参与过本剧描述的萨拉弥斯战役。《波斯人》首次上演是在公元前472年,即萨拉

## 赏析

弥斯战役后八年,普拉泰阿战役后七年,它是古希腊唯一以当时的现实为题材的悲剧。同其他希腊命运悲剧的结构相似,《波斯人》围绕预言展开戏剧情节。首先是预言的产生。《波斯人》的预言以波斯大帝大流士一世的年轻遗孀阿托萨王太后一个奇怪且不吉利的梦境而出现。其次是寻求预言的解释,阿托萨向波斯宫中长老们寻求释梦,与此同时,波斯远征希腊的军队信使来到,向王太后通报了波斯海军在萨拉弥斯水域的惨败,讲述了痛遭打击的经过。此消息和不祥的梦境相互印证,暗示预言的实现。最后是预言的揭示,王太后穿着乞援人的装束出来和歌队唱敬神歌,把大流士的幽灵从坟墓里请出来。大流士的鬼魂出现,道出了有关骄横导致毁灭的预言,并且他还带来了坏消息,认定剩余的军队也会全军覆没。故事的另一条线索是,远征希腊的波斯帝国年轻的国王塞克塞斯的兵败归来,痛苦地回忆自己惨痛的经历,达到悲剧的高潮,也印证了预言的实现。

因为古希腊悲剧的人物数量有限制,因此歌队的作用非常重要。歌队在剧中兼有全知全能的叙述人和参与剧情发展的剧中人物两种角色。在《波斯人》中,全剧结构如下:

(一)歌队进场时的合唱。(二)第一支歌。长老们在这头两段里歌颂那远征希腊的大军,他们豪放的歌声里夹杂着忧虑的调子。后来阿托萨王太后乘着銮舆出来。(三)第一场。王太后把她的梦兆告诉长老们,还向他们打听希腊的情形。于是一个信使奔来报告波斯水军在萨拉弥斯覆灭的详情。长老们请求王太后去献祭求神,于是王太后便退下去准备祭品。(四)第二支歌。歌队悲悼萨拉弥斯的死者。(五)第二场。王太后穿着乞援人的装束出来叫歌队唱一支敬神歌把大流士的幽灵从坟墓里请出来。(六)第三支歌。这是祈求大流士的歌。(七)第三场。大流士的鬼魂出现。他听了这悲惨的故事便道出他的劝告,还道及波斯未来的灾难。他去后,王太后也跟着退场。(八)第四支歌。这是赞颂大流士的歌。(九)退

## 赏析

场。塞克塞斯进来同歌队互唱悲歌,最后歌队把他导入宫中。

《波斯人》还是采用埃斯库罗斯惯用的三联剧形式,共三场,每场有歌队做剧情启动、情节衔接、故事叙述等。剧中的歌队由波斯王宫长老歌队组成,当歌队合唱或者独唱时,充当叙述人角色,或交代故事背景缘由,或代表作者发表意见,或代替报幕交代剧中的时间和地点的变化等。如歌队进场时的合唱:"我们是波斯信靠的元老。我主塞克塞斯讨伐希腊去了;……还有武巴勒斯骑士和法蓝达刻斯。"明显充当全知全能的叙述人角色,在开头简述故事发生的地点、时间、背景等要素,为即将到来的故事情节设定一个对话语境和基调。其后歌队有时以长老的身份充当剧情中的一个角色,参与戏剧对话,甚至根据剧情需要,歌队中分化出歌队首领这一角色,单独参与戏剧对话以及对剧情的演进,从这里我们也看出古希腊戏剧由于人物数量的限制而有意或无意间扩大了歌队的功能,并赋予其多重角色。

遥想《波斯人》的写作,对埃斯库罗斯来说应该是个挑战。因为作为一个希腊人,同时也作为胜利者,对战败方波斯人的想象和态度——特别是对大流士、阿托萨以及塞克塞斯——是把他妖魔化为"野蛮人"(当时希腊人把波斯人称为"野蛮人"),还是当成值得尊敬的对手值得玩味。埃斯库罗斯在剧中显然对狂热的爱国主义并不感兴趣,反而对波斯人的痛苦甚至抱有一种同情和尊敬,这在当时可能属于比较激进的观点。埃斯库罗斯把希腊的胜利归因于神降罪于波斯人,并且指出背后的人为因素是年轻国王塞克塞斯的骄横,这和当时希腊史家希罗多德把胜利归因于希腊特别是雅典的民主政治以及雅典人英勇地为自由而战的精神是不一样的。亚里士多德在《诗学》中论述诗与历史的关系时,认为"诗人的职责不在于描述已发生的事,而在描述可能发生的事情,即按照可然率或必然率是可能的事"。虽然亚里士多德对历史学的本质认识不足,但埃斯库罗斯把波斯人的失败归咎于骄横却和希罗多德归因民主政体的胜利，都存在着片面的真理性。姑且不论埃斯库罗斯对波斯失败原因的分析是否正确，他在《波斯人》中不丑化波斯人，把波斯人写得体面而又尊敬，获得了希腊悲剧所追求的"高贵的单纯，静穆的伟大"的美学效果。《波斯人》全剧中没有提及一个希腊人名，剧里的塞克塞斯国王和古希腊其他悲剧所表现的神话英雄很有相似之点，即同是因为自身的缺点导致悲剧结局，这也符合亚里士多德关于悲剧的定义，即悲剧产生于伟人的"过失"。许多人把《波斯人》和文艺复兴时期莎士比亚的历史剧《亨利五世》作比较，这两个剧本都是描写历史上的重大战争。莎士比亚的剧本是用直接的方法写的，把剧景放在伦敦、南安普顿、阿尔夫勒和阿琴科特的战场上。埃斯库罗斯则采用间接手法，把剧景放在波斯王宫上，有关波斯战争的信息都是通过信使和在萨拉弥斯海战大败而归的塞克塞斯陈述的，两者的美学风格因此迥异。当然，埃斯库罗斯采用这种视角，也与希腊的悲剧艺术对人物的限制有关。当时的悲剧，除歌队外，不允许出现太多的演员，尽管作为"悲剧之父"的埃斯库罗斯已经把剧中演员创造性地由一个增加到两个，从而开始了真正的戏剧对话，但是古希腊戏剧对人物数量的限制的习惯还是影响着埃斯库罗斯。尽管如此，这种"戴镣铐的舞蹈"依然赋予戏剧激烈的矛盾冲突、浓厚的抒情色彩，表现出庄严崇高的风格，这正是埃斯库罗斯戏剧的魅力所在。

（侯灵战）

# 索福克勒斯

*Sophocles*

# 安提戈涅

| **作品提要** |

安提戈涅的二哥波吕涅刻斯在父亲死后率兵回国,他同长兄厄忒俄克勒斯争夺王位,结果兄弟俩自相残杀而死。他们的舅父克瑞翁趁机攫取王位,厚葬厄忒俄克勒斯,却下禁令不准埋葬波吕涅刻斯的尸体,违反者将被乱石砸死。克瑞翁作为国王,他的禁葬令即是国法,然而这与古希腊的宗教相悖。古希腊人相信,死者如果不得埋葬,他的阴魂便不能入冥土,亲人有埋葬死者的义务。这使安提戈涅处于两难的境地,依照神律,她必须安葬哥哥,以免亵渎神灵;按照国法,则不能。安提戈涅毅然选择前者,安葬了波吕涅刻斯,因此被克瑞翁囚禁于墓穴中。后来,克瑞翁听了先知的预言而有所悔悟,前去释放安提戈涅,但安提戈涅已自缢于墓穴中。安提戈涅的未婚夫——克瑞翁的儿子海蒙,愤怒之下杀父未遂而殉情自刎。克瑞翁的妻子听到儿子死讯,痛楚之极自杀身亡。

| **作品选录** |

## 五 第二场

**守兵** 她就是做这件事的人,我们趁她埋葬尸首的时候,把她捉住了。可是克瑞翁在哪里?

克瑞翁自宫中上。

**歌队长** 他又从家里出来了,来得凑巧。

**克瑞翁** 怎么?出了什么事,说我来得凑巧?

**守兵** 啊,主上,人们不可发誓不做什么事;因为再想一下,往往会发现原先的想法不对。在你的威胁恐吓之下,我原想发誓不急于回到这里来。但是出乎意外的快乐比别的快乐大得多,因此我虽然发誓不来,还是带着这女子来了,她是在举行葬礼的时候被我们捉住的。这次没有摇签,这运气就归了我,没有归别人。现在,啊,主上,只要你高兴,就把她接过去审问,给她定罪吧;我自己没事了,有权利摆脱这场祸事。

**克瑞翁** 你说,你带来的女子——是怎样捉住的,在哪里捉住的?

**守兵** 她正在埋葬尸首;事情你都知道了。

**克瑞翁** 你知道你这句话什么意思?你正确地表达了你的思想吗?

**守兵** 我亲眼看见她埋葬那不许埋葬的尸首。我说得够清楚了吗?

**克瑞翁** 是怎样发现的?怎样当场捉住的?

**守兵** 事情是这样的:我们在你的可怕恐吓之下回到那里。盖在尸体上的沙子完全拂去,使那黏糊糊的尸首露了出来;我们随即背风坐在山坡上躲着,免得臭味儿从尸首那里飘过来;每个人都忙着用一些责备的话督促他的同伴,怕有人疏忽了他的责任。

这样过了很久,一直守到太阳的灿烂光轮开到了中天,热得像火一样的时候;突然间一阵旋风从地上卷起了沙子,天空阴暗了,这风沙弥漫原野,吹得平地丛林枝断叶落,天空中净是树叶;我们闭着眼睛忍受着这天灾。这样过了许久,等风暴停止,我们就发现了这女子,她大声哭喊,像鸟儿看见窝儿空了,雏儿丢了,在悲痛中发出尖锐声音。她也是这样:她看见尸体露了出来就放声大哭,对那些拂去沙子的人发出凶恶诅咒。她立即捧了些干沙,高高举起一只精制的铜壶奠了三次酒水敬礼死者。

我们一看见就冲下去,立即把她捉住,她一点也不惊惶。我们谴责她先前和当时的行为,她并不否认,使我同时感觉愉快,又感

# 原文

觉痛苦；因为我自己摆脱了灾难是件极大的乐事，可是把朋友领到灾难中却是件十分痛苦的事。好在朋友的一切事都没有我自身的安全重要。

**克瑞翁** 你低头望着地，承认不承认这件事是你做的？

**安提戈涅** 我承认是我做的，并不否认。

**克瑞翁** （向守兵）你现在免了重罪，你愿意到哪里就到哪里去吧。

守兵自观众右方下。

（向安提戈涅）告诉我——话要简单不要长——你知道不知道有禁葬的命令？

**安提戈涅** 当然知道；怎么会不知道呢？这是公布了的。

**克瑞翁** 你真敢违背法令吗？

**安提戈涅** 我敢；因为向我宣布这法令的不是宙斯，那和下界神祇同住的正义之神也没有为凡人制定这样的法令；我不认为一个凡人下一道命令就能废除天神制定的永恒不变的不成文律条，它的存在不限于今日和昨日，而是永久的，也没有人知道它是什么时候出现的。我不会因为害怕别人皱眉头而违背天条，以致在神面前受到惩罚。我知道我是会死的——怎么会不知道呢？——即使你没有颁布那道命令；如果我在应活的岁月之前死去，我认为是件好事；因为像我这样在无穷尽的灾难中过日子的人死了，岂不是得到好处了吗？所以我遭遇这命运并没有什么痛苦；但是，如果我让我哥哥死后不得埋葬，我会痛苦到极点；可是像这样，我倒安心了。如果在你看来我做的是傻事，也许我可以说那说我傻的人倒是傻子。

**歌队长** 这个女儿天性倔强，是倔强的父亲所生；她不知道向灾难低头。

**克瑞翁** （向安提戈涅）可是你要知道，太顽强的意志最容易受挫折；你可以时常看见最顽固的铁经过淬火炼硬之后,被人击成碎块和破片。我并且知道,只消一小块嚼铁就可以使烈马驯服。一个人做了别人的奴隶,就不能自高自大了。

(向歌队长)这女孩子刚才违背那制定的法令的时候已经很高傲;事后还是这样傲慢不逊,为这事而欢乐,为这行为而喜笑。

要是她获得了胜利,不受惩罚,那么我成了女人,她反而是男子汉了。不管她是我姐姐的女儿,或者比任何一个崇拜我的家神宙斯的人和我血统更近,她本人和她妹妹都逃不过最悲惨的命运;因为我指控那女子是埋葬尸体的同谋。

把她叫来;我刚才看见她在家;她发了疯,精神失常。那暗中图谋不轨的人的心机往往会预先招供自己有罪。我同时也恨那个做了坏事被人捉住,反而想夸耀罪行的人。

**安提戈涅** 除了把我捉住杀掉之外,你还想进一步做什么呢?

**克瑞翁** 我不想做什么;杀掉你就够了。

**安提戈涅** 那么你为什么拖延时间?你的话没有半句使我喜欢——但愿不会使我喜欢啊!我的话你自然也听不进去。我除了因为埋葬自己哥哥而得到荣誉之外,还能从哪里得到更大的荣誉呢?这些人全都会说他们赞成我的行为,若不是恐惧堵住了他们的嘴。但是不行;因为君王除了享受许多特权之外,还能为所欲为,言所欲言。

**克瑞翁** 在这些卡德墨亚人当中,只是你才有这种看法。

**安提戈涅** 他们也有这种看法,只不过因为怕你,他们闭口不说。

**克瑞翁** 但是,如果你的行动和他们不同,你不觉得可耻吗?

**安提戈涅** 尊敬一个同母弟兄,并没有什么可耻。

**克瑞翁** 那对方不也是你的弟兄吗?

## 原文

**安提戈涅**　他是我的同母同父弟兄。

**克瑞翁**　那么你尊敬他的仇人,不就是不尊敬他吗?

**安提戈涅**　那个死者是不会承认你这句话的。

**克瑞翁**　他会承认;如果你对他和对那坏人同样地尊敬。

**安提戈涅**　他不会承认;因为死去的不是他的奴隶,而是他的弟兄。

**克瑞翁**　他是攻打城邦,而他是保卫城邦。

**安提戈涅**　可是冥王依然要求举行葬礼。

**克瑞翁**　可是好人不愿意和坏人平等,享受同样的葬礼。

**安提戈涅**　谁知道下界鬼魂会不会认为这件事是可告无罪的?

**克瑞翁**　仇人决不会成为朋友,甚至死后也不会。

**安提戈涅**　可是我的天性不喜欢跟着人恨,而喜欢跟着人爱。

**克瑞翁**　那么你就到冥土去吧,你要爱就去爱他们。只要我还活着,没有一个女人管得了我。

　　伊斯墨涅由二仆人自宫中押上场。

**歌队长**　看呀,伊斯墨涅出来了,那表示姐妹之爱的眼泪往下滴,那眉宇间的愁云遮住了发红的面容,随即化为雨水,打湿了美丽的双颊。

**克瑞翁**　你像一条蝮蛇潜伏在我家,偷偷吸取我的血,我竟不知道我养了两个叛徒来推翻我的宝座。喂,告诉我,你是招供参加过这葬礼呢,还是发誓不知情?

**伊斯墨涅**　事情是我做的,只要她不否认;我愿意分担这罪过。

**安提戈涅**　可是正义不让你分担;因为你既不愿意,我也没有让你参加。

**伊斯墨涅**　如今你处在祸患中,我同你共渡灾难之海,不觉得羞耻。

**安提戈涅**　事情是谁做的,冥王和下界的死者都是见证;口头上的朋友我不喜欢。

**伊斯墨涅** 不,姐姐呀,不要拒绝我,让我和你一同死,使死者成为清洁的鬼魂吧。

**安提戈涅** 不要和我同死,不要把你没有亲手参加的工作作为你自己的;我一个人死就够了。

**伊斯墨涅** 失掉了你,我的生命还有什么可爱呢?

**安提戈涅** 你问克瑞翁吧,既然你孝顺他。

**伊斯墨涅** 对你又没有好处,你为什么这样来伤我的心?

**安提戈涅** 假如我嘲笑了你,我心里也是苦的。

**伊斯墨涅** 现在我还能给你什么帮助呢?

**安提戈涅** 救救你自己吧!即使你逃得过这一关,我也不羡慕你。

**伊斯墨涅** 哎呀呀,我不能分担你的厄运吗?

**安提戈涅** 你愿意生,我愿意死。

**伊斯墨涅** 并不是我没有劝告过你。

**安提戈涅** 在有些人眼里你很聪明,可是在另一些人眼里,聪明的却是我。

**伊斯墨涅** 可是我们俩同样有罪。

**安提戈涅** 请放心;你活得成,我却是早已为死者服务而死了。

**克瑞翁** 我认为这两个女孩子有一个刚才变愚蠢了,另一个生来就是愚蠢的。

**伊斯墨涅** 啊,主上,人倒了霉,甚至天生的理智也难保持,会得错乱。

**克瑞翁** 你的神志是错乱了,当你宁愿同坏人做坏事的时候。

**伊斯墨涅** 没有她和我在一起,我一个人怎样活下去?

**克瑞翁** 别说她还和你在一起,她已经不存在了。

**伊斯墨涅** 你要杀你儿子的未婚妻吗?

## 原文

**克瑞翁** 还有别的土地可以由他耕种。

**伊斯墨涅** 不会再有这样情投意合的婚姻了。

**克瑞翁** 我不喜欢给我儿子娶个坏女人。

**伊斯墨涅** 啊,最亲爱的海蒙,你父亲多么蔑视你啊!

**克瑞翁** 你这人和你所提起的婚姻够使我烦恼了!

**歌队长** 你真要使你儿子失去他的未婚妻吗?

**克瑞翁** 死亡会为我破坏这婚姻。

**歌队长** 好像她的死刑已经判定了。

**克瑞翁** (向歌队长)是你和我判定的。仆人们,别再拖延时间,快把她们押进去!今后她们应当乖乖做女人,不准随便走动;甚至那些胆大的人,看见死亡逼近的时候,也会逃跑。

安提戈涅和伊斯墨涅由二仆人押进宫。

## 六 第二合唱歌

**歌队** (第一曲首节)没有尝过患难的人是有福的。一个人的家若是被上天推倒,什么灾难都会落到他头上,还会冲向他的世代儿孙,像波浪,在从特剌刻吹来的狂暴海风下,向着海水深暗处冲去,把黑色泥沙从海底卷起来,那海角被风吹浪打,发出悲惨的声音。

(第一曲次节)从拉布达喀代家中的死者那里来的灾难是很古老的,我看见它们一个落到一个上面,没有一代人救得起一代人,是一位神在打击他们,这个家简直无法挽救。如今啊,俄狄浦斯家中剩下的根苗上发出的希望之光,又被下界神祇的砍刀——言语上的愚蠢,心里的疯狂——折断了。

(第二曲首节)啊,宙斯,哪一个凡人能侵犯你,能阻挠你的权力,即使是追捕众生的睡眠或众神所安排的不倦岁月也不能压制;

你这位时光催不老的主宰住在俄林波斯山上灿烂的光里。在最近和遥远的将来，正像在过去一样，这规律一定生效：人们的过度行为会引起灾祸。

（第二曲次节）那飘飘然的希望对许多人虽然有益，但是对许多别的人却是骗局，他们是被轻浮的欲望欺骗了，等烈火烧着脚的时候，他们才知道是受了骗。是谁很聪明地说了句有名的话：一个人的心一旦被天神引上迷途，他迟早会把坏事当作好事；只不过暂时还没有灾难罢了。（本节完）

**歌队长** （尾声）看呀，你最小的儿子海蒙来了。他是不是为他未婚妻安提戈涅的命运而悲痛，是不是因为对他的婚姻感觉失望而伤心到极点？

## 七　第三场

海蒙自观众右方上。

**克瑞翁** （向歌队长）我们很快就会知道，比先知知道得还清楚。啊，孩儿，莫非你是听见你未婚妻的最后判决，来同父亲赌气的吗？还是不论我怎么办，你都支持我？

**海蒙** 啊，父亲，我是你的孩子；你有好界尺，凡是你给我划出的规矩，我都遵循。我不会把我的婚姻看得比你的善良教导更重。

**克瑞翁** 啊，孩儿，你应当记住这句话：凡事听从父亲劝告。做父亲的总希望家里养出孝顺儿子，向父亲的仇人报仇，向父亲的朋友致敬，像父亲那样尊敬他的朋友。那些养了无用的儿子的人，你会说他们生了什么呢？只不过给自己添了苦恼，给仇人添了笑料罢了。啊，孩儿，不要贪图快乐，为一个女人而抛弃了你的理智；要知道一个和你同居的坏女人会在你怀抱中成为冷冰冰的东西。还有什么

## 原文

烂疮比不忠实的朋友更有害呢？你应当憎恨这女子，把她当作仇人，让她到冥土嫁给别人。既然我把她当场捉住——全城只有她一个人公开反抗——我不能欺骗人民，一定得把她处死。

让她向氏族之神宙斯呼吁吧。若是我把生来是我亲戚的人养成叛徒，那么我更会把外族的人也养成叛徒。只有善于治家的人才能成为城邦的真正领袖。若是有人犯罪，违反法令，或者想对当权的人发号施令，他就得不到我的称赞。凡是城邦所任命的人，人们必须对他事事顺从，不管事情大小，公正不公正；我相信这种人不仅是好百姓，而且可以成为好领袖，会在战争的风暴中守着自己的岗位，成为一个既忠诚又勇敢的战友。

背叛是最大的祸害，它使城邦遭受毁灭，使家庭遭受破坏，使并肩作战的兵士败下阵来。只有服从才能挽救多数正直的人的性命。所以我们必须维持秩序，决不可对一个女人让步。如果我们一定会被人赶走，最好是被男人赶走，免得别人说我们连女人都不如。

**歌队长** 在我们看来，你的话好像说得很对，除非我们老糊涂了。

**海蒙** 啊，父亲，天神把理智赋予凡人，这是一切财宝中最有价值的财宝。我不能说，也不愿意说，你的话说得不对；可是别人也可能有好的意见。因此我为你观察市民所作所为，所说所非难，这是我应尽的本分。人们害怕你皱眉头，不敢说你不乐意听的话；我倒能背地里听见那些话，听见市民为这女子而悲叹，他们说："她做了最光荣的事，在所有的女人中，只有她最不应当这样最悲惨地死去！当她哥哥躺在血泊里没有埋葬的时候，她不让他被吃生肉的狗或猛禽吞食；她这人还不该享受黄金似的光荣吗？"这就是那些悄悄传播的秘密话。

啊，父亲，没有一种财宝在我看来比你的幸福更可贵。真的，对于儿女，幸福的父亲的名誉不是最大的光荣吗？对于父亲，儿女的名誉不也是一样吗？你不要老抱着这唯一的想法，认为只有你的话对，别人的话不对。因为尽管有人认为只有自己聪明，只有自己说得对，想得对，别人都不行，可是把他们揭开来一看，里面全是空的。

一个人即使很聪明，再懂得许多别的道理，放弃自己的成见，也不算可耻啊。试看那洪水边的树木怎样低头，保全了枝儿；至于那些抗拒的树木却连根带枝都毁了。那把船上的帆脚索拉紧不肯放松的人，也是把船弄翻了，到后来，桨手们的凳子翻过来朝天，船就那样航行。

请你息怒，放温和一点吧！如果我，一个很年轻的人，也能贡献什么意见的话，我就说一个人最好天然赋有绝顶的聪明；要不然——因为往往不是那么回事——就听聪明的劝告也是好的啊。

**歌队长** 啊，主上，如果他说得很中肯，你就应当听他的话；（向海蒙）你也应当听你父亲的话；因为双方都说得有理。

**克瑞翁** 我们这么大年纪，还由他这年轻人来教我们变聪明一点吗？

**海蒙** 不是教你做不正当的事；尽管我年轻，你也应当注意我的行为，不应当只注意我的年龄。

**克瑞翁** 你尊重犯法的人，那也算好的行为吗？

**海蒙** 我并不劝人尊重坏人。

**克瑞翁** 这女子不是害了坏人的传染病吗？

**海蒙** 忒拜全城的人都否认。

**克瑞翁** 难道市民要干涉我的行政吗？

**海蒙** 你看你说这话，不就像个很年轻的人吗？

## 原文

**克瑞翁** 难道我应当按照别人的意思,而不按照自己的意思治理这国土吗?

**海蒙** 只属于一个人的城邦不算城邦。

**克瑞翁** 难道城邦不归统治者所有吗?

**海蒙** 你可以独自在沙漠中做个好国王。

**克瑞翁** 这孩子好像成为那女人的盟友了。

**海蒙** 不,除非你就是那女人;实际上,我所关心的是你。

**克瑞翁** 坏透了的东西,你竟和父亲争吵起来了!

**海蒙** 只因为我看见你犯了过错,做事不公正。

**克瑞翁** 我尊重我的王权也算犯了过错吗?

**海蒙** 你践踏了众神的权利,就算不尊重你的王权。

**克瑞翁** 啊,下贱东西,你是女人的追随者。

**海蒙** 可是你决不会发现我是可耻的人。

**克瑞翁** 你这些话都是为了她的利益而说的。

**海蒙** 是为了你我和下界神祇的利益而说的。

**克瑞翁** 你决不能趁她还活着的时候,同她结婚。

**海蒙** 那么她是死定了;可是她这一死,会害死另一个人。

**克瑞翁** 你胆敢恐吓我吗?

**海蒙** 我反对你这不聪明的决定,算得什么恐吓呢?

**克瑞翁** 你自己不聪明,反来教训我,你要后悔的。

**海蒙** 你是我父亲,我不能说你不聪明。

**克瑞翁** 你是伺候女人的人,不必奉承我。

**海蒙** 你只是想说,不想听啊。

**克瑞翁** 真的吗?我凭俄林波斯起誓,你不能尽骂我而不受惩罚。

(向二仆人)快把那可恨的东西押出来,让她立刻当着她未婚夫,死在他的面前,他的身旁。

**海蒙** 不,别以为她会死在我的身旁;你再也不能亲眼看见我的脸面了,只好向那些愿意忍受的朋友发你的脾气!

海蒙自观众右方下。

**歌队长** 啊,主上,这人气冲冲地走了,他这样年轻的人受了刺激,是很凶恶的。

**克瑞翁** 随便他怎么说,随便他想做什么凡人所没有做过的事;总之,他决不能使这两个女孩子免于死亡。

**歌队长** 你要把她们姐妹都处死吗?

**克瑞翁** 这句话问得好;那没有参加这罪行的人不被处死。

**歌队长** 你想把那另一个怎样处死呢?

**克瑞翁** 我要把她带到没有人迹的地方,把她活活关在石窟里,给她一点点吃食,只够我们赎罪之用,使整个城邦避免污染。她在那里可以祈求冥王,她所崇奉的唯一神明,不至于死去;但也许到那时候,虽然为时已晚,她会知道,向死者致敬是白费工夫。

克瑞翁进宫。

## 八 第三合唱歌

**歌队** (首节)爱情啊,你从没有吃过败仗,爱情啊,你浪费了多少钱财,你在少女温柔的脸上守夜,你飘过大海,飘到荒野人家;没有一位天神,也没有一个朝生暮死的凡人躲得过你;谁碰上你,谁就会疯狂。

　　(次节)你把正直的人的心引到不正直的路上,使他们遭受毁灭;这亲属间的争吵是你挑起来的;那美丽的新娘眼中发出的鲜明热情获得了胜利;爱情啊,连那些伟大的神律都被你压倒了,那不

原文

可抵抗的女神阿佛洛狄忒也在嘲笑它们。（本节完）

**歌队长** （尾声）我现在看见这现象，自己也越出了法律的范围；我看见安提戈涅去到那使众生安息的新房，再也禁不住我的眼泪往下流。

## 九　第四场

安提戈涅由二仆人自宫中押上场。

**安提戈涅** （哀歌第一曲首节）啊，祖国的市民们，请看我踏上这最后的路程，这是我最后一次看看太阳光，从今以后再也看不见了。那使众生安息的冥王把我活生生带到冥河边上，我还没有享受过迎亲歌，也没有人为我唱过洞房歌，就这样嫁给冥河之神。（本节完）

**歌队长** 不，你这样去到死者的地下是很光荣，很受人称赞的；那使人消瘦的疾病没有伤害你，刀剑的杀戮也没有轮到你身上；这人间就只有你一个人由你自己做主，活着到冥间。

**安提戈涅** （第一曲次节）可是我曾听说坦塔罗斯的女儿，那佛律癸亚客人，在西皮罗斯岭上也死得很凄惨，那石头像缠绕的常春藤似的把她包围；雨和雪，像人们所说的，不断地落到她消瘦的身上，泪珠从她泪汪汪的眼里滴下来，打湿了她的胸脯；天神这次催我入睡，这情形和她的相似。（本节完）

**歌队长** 但是她是神，是神所生；我们却是人，是人所生。好在你死后，人们会说你生前和死时都与天神同命，那也是莫大的光荣！

**安提戈涅** （第二曲首节）哎呀，你是在讥笑我！凭我祖先的神明，请你告诉我，你为什么不等我不在了再说，却要趁我还活着的时候挖苦我？城邦呀，城邦里富贵的人啊，狄耳刻水泉呀，有美好战车的忒拜的圣林呀，请你们证明我没有朋友哀悼，证明我受了什么法律处分，去到那石牢，我的奇怪的坟墓里；哎呀，我既不是住在人世，也

不是住在冥间，既不是同活人在一起，也不是同死者在一起。（本节完）

**歌队长** 孩儿呀，你到了鲁莽的极端，猛撞着法律的最高宝座，倒在地上，这样赎你祖先传下来的罪孽。

**安提戈涅** （第二曲次节）你使我多么愁苦，你唤醒了我为我父亲，为我们这些闻名的拉布达喀代的厄运而时常发出的悲叹。我母亲的婚姻所引起的灾难呀！我那不幸的母亲和她亲生儿子的结合呀！我的父亲呀！我这不幸的人是什么样的父母生的呀！我如今被人诅咒，还没有结婚就到他们那里居住。哥哥呀，你的婚姻也很不幸，你这一死害死了你这还活着的妹妹。（本节完）

**歌队长** 虔敬的行为虽然算是虔敬，但是权力，在当权的人看来，是不容冒犯的。这是你倔强的性格害了你。

**安提戈涅** （末节）没有哀乐，没有朋友，没有婚歌，我将不幸地走上眼前的道路。我再也看不见太阳的神圣光辉，我的命运没有人哀悼，也没有朋友怜惜。

克瑞翁偕众仆人自宫中上。

**克瑞翁** （向众仆人）如果哭哭唱唱有什么好处，一个人临死前决不会停止他的悲叹和歌声——难道你们连这个都不知道？还不快快把她带走？你们按照我的吩咐把她关在那拱形坟墓里之后，就扔下她孤孤单单，随便她想死，或者在那样的家里过坟墓生活。不管怎么样，我们在这女子的事情上头是没有罪的；总之，她在世上居住的权利是被剥夺了。

**安提戈涅** 坟墓呀，新房呀，那将永久关住我的石窟呀！我就要到那里去找我的亲人，他们许多人早已死了，被冥后接到死人那里去了，我是最后一个，命运也最悲惨，在我的寿命未尽之前就要下去。很

## 原文

## 一

希望我这次前去,受我父亲欢迎,母亲呀,受你欢迎,哥哥呀,也受你欢迎;你们死后,我曾亲手给你们净洗装扮,曾在你们坟前奠下酒水;波吕涅刻斯呀,只因为埋葬你的尸首,我现在受到这样的惩罚。

〔可是在聪明人看来,我这样尊敬你是很对的。如果是我自己的孩子死了,或者我丈夫死了,尸首腐烂了,我也不至于和城邦对抗,做这件事。我根据什么原则这样说呢?丈夫死了,我可以再找一个;孩子丢了,我可以靠别的男人再生一个;但如今,我的父母已埋葬在地下,再也不能有一个弟弟生出来。〕

〔我就是根据这个原则向你致敬礼;可是,哥哥呀,克瑞翁却认为我犯了罪,胆敢做出可怕的事。他现在捉住我,要把我带走,我还没有听过婚歌,没有上过新床,没有享受过婚姻的幸福或养育儿女的快乐;我这样孤孤单单,无亲无友,多么不幸呀,人还活着就到死者的石窟中去。〕①

我究竟犯了哪一条神律呢……我这不幸的人为什么要仰仗神明?为什么要求神保佑,既然我这虔敬的行为得到了不虔敬之名?即使在神们看来,这死罪是应得的,我也要死后才认罪;如果他们是有罪的,愿他们所吃的苦头恰等于他们加在我身上的不公正惩罚。

**歌队长** 那同一个风暴依然在她心里呼啸。

**克瑞翁** 那些押送她的人做事太缓慢,他们要后悔的。

**安提戈涅** 哎呀,这句话表示死期到了。

**克瑞翁** 我不能鼓励你,使你相信这判决不是这样批准的。

**安提戈涅** 忒拜境内我先人的都城呀,众神明,我的祖先呀,他们要把我带走,再也不拖延时间了!忒拜长老们呀,请看你们王室剩下的

## 原文

唯一后裔,请看我因为重视虔敬的行为,在什么人手中受到什么样的迫害啊!

安提戈涅由二仆人自观众左方押下场。

（罗念生　译）

**注释：**

① 以上两段,有人认为是伪作。

## 赏析

索福克勒斯是古希腊三大悲剧诗人之一,是继埃斯库罗斯之后希腊悲剧创作的佼佼者。索福克勒斯少年时代便在音乐上崭露头角,自编剧本,自配音乐,然而,由于嗓音不够洪亮,不能担任主要演员,一生只亲自演过两次戏。索福克勒斯的悲剧创作并不因为嗓门而黯淡无光,而是在悲剧艺术上走向另一个极致。他善于布局,悲剧结构复杂严密而又和谐有序,高潮迭起而又环环相扣。他曾模仿埃斯库罗斯夸张的做法,后自创风格,打破了埃斯库罗斯三部曲的形式,写出三出独立的悲剧。他把演员的人数从两个增加到三个,使人物对话占据主要地位,有利于增加剧情的复杂性和塑造丰满的人物形象。索福克勒斯一生大约写了一百三十出悲剧和笑剧,流传下来的只有七出完整的悲剧。

《安提戈涅》是他最著名的戏剧之一,约于公元前441年成功上演,赢得极高的荣誉。这是一部引起诸多争议的悲剧作品,争论的焦点集中于城邦法治与宗教神律孰高孰低,国家秩序与人性孰轻孰重。从表面上看,索福克勒斯的答案是模棱两可的。安提戈涅尽古老宗教的义务和家庭责任,为手足之情而死,其行为可歌可泣,是无可厚非的。克瑞翁作为一国之主,维持社会秩序,打击叛军,维护法律的尊严,实行法治,也是无可厚非的。

## 赏析

从另一角度看,安提戈涅偷葬行为违反国法,有碍社会秩序;克瑞翁禁葬违反神律,漠视人间情感,两者都有过错。那么,诗人所要褒扬的正义在何处?也许只有回到古希腊的伯里克利时代才能理解索福克勒斯的心灵。

索福克勒斯所处的时代正逢雅典民主政治全盛时期,当时社会的风尚是倡导民主精神,反对僭主制度。所谓僭主即指那些利用平民与贵族之间的矛盾,趁机夺取政权,实行专制统治的人。索福克勒斯对僭主深恶痛绝,他曾说:"谁要是进了君王(指僭主)的宫殿,谁就会成为奴隶。"《安提戈涅》被认为是最能反映当时社会风尚和诗人情感的剧作。剧中人物克瑞翁是僭主的典型写照。他口口声声说要使人民安乐,实际上是将人民视为奴隶,"人们必须对他事事顺从,不管事情大小,公正不公正"。正如歌队长所指责的,"(克瑞翁)有权力用任何法令来约束死者和我们这些活着的人"。他把城邦的法令摆在神律之上,专制而无情,一定要置安提戈涅于死地,让波吕涅刻斯死无葬身之地。当时的希腊社会仍有氏族社会的宗教遗风,认为神律是不能违反的,当人世间的法律和宗教神律相抵触时,必须放弃法律。克瑞翁的禁令触犯了神律,会殃及人民,他的口头法令根本不能成为国法,他仍一意孤行,最后落得家破人亡,众叛亲离。诗人的爱憎是分明的,他对安提戈涅的遭遇深表同情,高度赞扬她勇敢和顽强的精神,借歌队长的话说,"这个女儿天性倔强,是倔强的父亲所生;她不知道向灾难低头","她是神,是神所生;我们却是人,是人所生。好在你死后,人们会说你生前和死时都与天神同命,那也是莫大的光荣!"当守兵发现安提戈涅为波吕涅刻斯举行葬礼仪式时,没有按照克瑞翁的禁令,用乱石砸死,而是将她捉起来,表明守兵在心里仍然同情安提戈涅的遭遇。在第三场中,克瑞翁的儿子海蒙不畏父亲的淫威与之争辩,说全体市民都认为安提戈涅是"做了最光荣的事,在所有的女人中,只有她最不应当这样最悲惨地死去"!海蒙指责克瑞翁是在进行专制统治,最好"独自在沙漠中做个好国王",因为

# 原文

"只属于一个人的城邦不算城邦"。这些细节的刻画,都表明诗人褒扬的是安提戈涅的牺牲精神,反对冷酷的专制统治。

《安提戈涅》全剧共分七场,本篇选取第二场安提戈涅受审、第三场海蒙与克瑞翁的争辩和第四场安提戈涅对人生的感叹这三个著名的场面进行赏析。索福克勒斯是写人的能手,他善于塑造人物形象,三言两语便能创造出栩栩如生的美学效果。他尤其喜欢采用对照手法,在相互比照中凸显人物的个性。比如第二场中,诗人用极富个性的语言安排安提戈涅与克瑞翁一审一答的过程,在互动中彰显人物的个性,使人物的性格成为推动剧情向前发展的动力。同样,第三场中,诗人引出海蒙这个角色,观众在克瑞翁与海蒙的争吵中进一步了解剧情和人物。儿子海蒙的个性与父亲克瑞翁形成了鲜明的对比,加重了戏剧冲突。索福克勒斯的语言风格质朴简洁,富于联想,最为人称道的是,他的剧中有很多巧妙的答辩和诡辩的言语。从安提戈涅受审和海蒙争辩这些精彩情节的对话我们能深切感受到索福克勒斯戏剧的语言之妙。

(蔡 枫)

# 俄狄浦斯王

| 作品提要 |

俄狄浦斯是忒拜国王拉伊俄斯和王后伊俄卡斯忒的儿子。拉伊俄斯深信俄狄浦斯将来会杀父娶母的预言,于是,在他出生后,便将孩子的左右脚跟钉在一起,差老牧人将之丢弃,以绝后患。老牧人出于怜悯,把婴儿送给山上的另一牧羊人。这个牧羊人又将俄狄浦斯送给科任托斯国王波吕玻斯作为养子。俄狄浦斯长大以后,从预言中知道自己命定要杀父娶母,

## 原文

为免于犯罪,便离开波吕玻斯国王,只身出走。在途中,撞见一伙陌生人,因为发生口角,杀死了他们。这伙人当中就有他的生父拉伊俄斯。俄狄浦斯流浪到忒拜国,适逢忒拜国遭受妖魔困扰,俄狄浦斯替国人除害,因此被拥护为王,并娶王后即他的生母为妻,生了二男二女。然而,十六七年后,神的预言开始应验,俄狄浦斯难逃命运的灾难。忒拜国开始流行大瘟疫,田园荒芜,人畜死亡,到处是悲叹恸哭。神预示说,只要找到杀死先王的凶手才能祛除灾难。俄狄浦斯决心追查凶手,结果发现真正的凶手正是自己。俄狄浦斯悲痛悔恨,刺瞎双眼,再度流浪,王后伊俄卡斯忒也在悲愤中自缢。

| 作品选录 |

## 五　第二场

克瑞翁自观众右方上。

克瑞翁　公民们,听说俄狄浦斯王说了许多可怕的话,指控我,我忍无可忍,才到这里来了。如果他认为目前的事是我用什么言行伤害了他,我背上这臭名,真不想再活下去了。如果大家都说我是城邦里的坏人,连你和我的朋友们也这样说,那就不单是在一方面中伤我,而是在许多方面。

歌队长　他的指责也许是一时的气话,不是有意说的。

克瑞翁　他是不是说过我劝先知捏造是非?

歌队长　他说过,但不知是什么用意。

克瑞翁　他控告我的时候,头脑、眼睛清醒吗?

歌队长　我不知道;我不明白我们的国王在做什么。他从宫里出来了。

俄狄浦斯偕众侍从自宫中上。

# 原文

**俄狄浦斯** 你这人,你来干什么?你的脸皮这样厚?你分明是想谋害我,夺取我的王位,还有脸到我家来吗?喂,当着众神,你说吧:你是不是把我看成了懦夫和傻子,才打算这样干?你狡猾地向我爬过来,你以为我不会发觉你的诡计,发觉了也不能提防吗?你的企图岂不是太愚蠢吗?既没有党羽,又没有朋友,还想夺取王位?那要有党羽和金钱才行呀!

**克瑞翁** 你知道怎么办么?请听我公正地答复你,听明白了再下判断。

**俄狄浦斯** 你说话很狡猾,我这笨人听不懂;我看你是存心和我为敌。

**克瑞翁** 现在先听我解释这一点。

**俄狄浦斯** 别对我说你不是坏人。

**克瑞翁** 假如你把糊涂顽固当作美德,你就太不聪明了。

**俄狄浦斯** 假如你认为谋害亲人能不受惩罚,你也算不得聪明。

**克瑞翁** 我承认你说得对。可是请你告诉我,我哪里伤害了你?

**俄狄浦斯** 你不是劝我去请那道貌岸然的先知吗?

**克瑞翁** 我现在也还是这样主张。

**俄狄浦斯** 已经隔了多久了,自从拉伊俄斯——

**克瑞翁** 自从他怎么样?我不明白你的意思。

**俄狄浦斯** ——遭人暗杀死去后。

**克瑞翁** 算起来日子已经很长久了!

**俄狄浦斯** 那时候先知卖弄过他的法术吗?

**克瑞翁** 那时候他和现在一样聪明,一样受人尊敬。

**俄狄浦斯** 那时候他提起过我吗?

**克瑞翁** 我在他身边没听见他提起过。

**俄狄浦斯** 你们也没有为死者追究过这件案子吗?

**克瑞翁** 自然追究过,怎么会没有呢?可是没有结果。

# 原文

俄狄浦斯　那时候这位聪明人为什么不把真情说出来呢？

克瑞翁　不知道；不知道的事我就不开口。

俄狄浦斯　这一点你总是知道的，应该讲出来。

克瑞翁　哪一点？只要我知道，我不会不说。

俄狄浦斯　要不是和你商量过，他不会说拉伊俄斯是我杀死的。

克瑞翁　要是他真这样说，你自己心里该明白；正像你质问我，现在我也有权质问你了。

俄狄浦斯　你尽管质问，反正不能把我判成凶手。

克瑞翁　你难道没有娶我的姐姐吗？

俄狄浦斯　这个问题自然不容我否认。

克瑞翁　你是不是和她一起治理城邦，享有同样权利？

俄狄浦斯　我完全满足了她的心愿。

克瑞翁　我不是和你们俩相差不远，居第三位吗？

俄狄浦斯　正是因为这缘故，你才成了不忠实的朋友。

克瑞翁　假如你也像我这样思考，就会知道事情并不是这样的。首先你想一想：谁会愿意做一个担惊受怕的国王，而不愿又有同样权力又是无忧无虑呢？我天生不想做国王，而只想做国王的事；这也正是每一个聪明人的想法。我现在安安心心地从你手里得到一切；如果做了国王，倒要做许多我不愿意做的事了。

对我说来，王位会比无忧无虑的权势甜蜜吗？我不至于这样傻，不选择有利有益的荣誉。现在人人祝福我，个个欢迎我。有求于你的人也都来找我，从我手里得到一切。我怎么会放弃这个，追求别的呢？头脑清醒的人是不会做叛徒的。而且我也天生不喜欢这种念头，如果有谁谋反，我决不和他一起行动。

为了证明我的话，你可以到皮托去调查，看我告诉你的神示真实不真实。如果你发现我和先知图谋不轨,请用我们两个人的——而不是你一个人的——名义处决我,把我捉来杀死。可是不要根据靠不住的判断、莫须有的证据就给我定下罪名。随随便便把坏人当好人,把好人当坏人都是不对的。我认为,一个人如果抛弃他忠实的朋友,就等于抛弃他最珍惜的生命。这件事,毫无疑问,你终究是会明白的。因为一个正直的人要经过长久的时间才看得出来,一个坏人只要一天就认得出来。

**歌队长** 主上啊,他怕跌跤,他的话说得很好。急于下判断总是不妥当啊!

**俄狄浦斯** 那阴谋者已经飞快地来到眼前,我得赶快将计就计。假如我不动,等着他,他会成功,我会失败。

**克瑞翁** 你打算怎么办?是不是把我放逐出境?

**俄狄浦斯** 不,我不想把你放逐,我要你死,好叫人看看嫉妒人的下场。

**克瑞翁** 你的口气看来是不肯让步,不肯相信人?

**俄狄浦斯** ……①

**克瑞翁** 我看你很糊涂。

**俄狄浦斯** 我对自己的事并不糊涂。

**克瑞翁** 那么你对我的事也该这样。

**俄狄浦斯** 可是你是个坏人。

**克瑞翁** 要是你很愚蠢呢?

**俄狄浦斯** 那我也要继续统治。

**克瑞翁** 统治得不好就不行!

**俄狄浦斯** 城邦呀城邦!

**克瑞翁** 这城邦不单单是你的,我也有份。

**歌队长** 两位主上啊,别说了。我看见伊俄卡斯忒从宫里出来了,她来得恰好,你们这场纠纷由她来调停,一定能很好地解决。

# 一

## 原文

伊俄卡斯忒偕侍女自宫中上。

**伊俄卡斯忒**　不幸的人啊,你们为什么这样愚蠢地争吵起来?这地方正在闹瘟疫,你们还引起私人纠纷,不觉得惭愧吗?

（向俄狄浦斯）你还不快进屋去?克瑞翁,你也回家去吧。不要把一点不愉快的小事闹大了!

**克瑞翁**　姐姐,你丈夫要对我做可怕的事,两件里选一件,或者把我放逐,或者把我捉来杀死。

**俄狄浦斯**　是呀,夫人,他要害我,对我下毒手。

**克瑞翁**　我要是做过你告发的事,我该倒霉,我该受诅咒而死。

**伊俄卡斯忒**　俄狄浦斯呀,看在天神面上,首先为了他已经对神发了誓,其次也看在我和站在你面前的这些长老面上,相信他吧!

**歌队**　（哀歌第一曲首节）主上啊,我恳求你,高高兴兴,清清醒醒地听从吧。

**俄狄浦斯**　你要我怎么样?

**歌队**　请你尊重他,他原先就不渺小,如今起了誓,就更显得伟大了。

**俄狄浦斯**　那么你知道要我怎么样吗?

**歌队**　知道。

**俄狄浦斯**　你要说什么快说呀。

**歌队**　请不要只凭不可靠的话就控告他,侮辱这位发过誓的朋友。

**俄狄浦斯**　你要知道,你这要求,不是把我害死,就是把我放逐。

**歌队**　（第二曲首节）我凭众神之中最显赫的赫利俄斯起誓,我决不是这个意思。我要是存这样的心,我宁愿为人神所共弃,不得好死。我这不幸的人所担心的是土地荒芜,你们所引起的灾难会加重那原有的灾难。（本节完）

**俄狄浦斯**　那么让他去吧,尽管我命中注定要当场被杀,或被放逐出境。打动了我的心的,不是他的,而是你的可怜的话。他不论在哪里,都会叫人痛恨。

**克瑞翁** 你盛怒时是那样凶狠,你让步时也是这样阴沉:这样的性情使你最受苦,也正是活该。

**俄狄浦斯** 你还不快离开我,给我滚?

**克瑞翁** 我这就走。你不了解我;可是在这些长老看来,我却是个正派的人。

*克瑞翁自观众右方下。*

**歌队** (第一曲次节)夫人,你为什么迟迟不把他带进宫去。

**伊俄卡斯忒** 等我问明白发生了什么事。

**歌队** 这方面盲目地听信谣言,起了疑心;那方面感到不公平。

**伊俄卡斯忒** 这场争吵是双方引起来的吗?

**歌队** 是。

**伊俄卡斯忒** 到底是怎么回事?

**歌队** 够了,够了,在我们的土地受难的时候,这件事应该停止在打断的地方。

**俄狄浦斯** 你看你的话说到哪里去了?你是个忠心的人,却来扑灭我的火气。

**歌队** (第二曲次节)主上啊,我说了不止一次了:我要是背弃你,我就是个失去理性的疯人;那是你,在我们可爱的城邦遭难的时候,曾经正确地为它领航,现在也希望你顺利地领航啊。(本节完)

**伊俄卡斯忒** 主上啊,看在天神面上,告诉我,你为什么这样生气?

**俄狄浦斯** 我这就告诉你;因为我尊重你胜过尊重那些人;原因就是克瑞翁在谋害我。

**伊俄卡斯忒** 往下说吧,要是你能说明这场争吵为什么应当由他负责。

## 原文

**俄狄浦斯**　他说我是杀害拉伊俄斯的凶手。

**伊俄卡斯忒**　是他自己知道的,还是听旁人说的?

**俄狄浦斯**　都不是;是他收买了一个无赖的先知作喉舌;他自己的喉舌倒是清白的。

**伊俄卡斯忒**　你所说的这件事,你尽可放心;你听我说下去,就会知道,并没有一个凡人能精通预言术。关于这一点,我可以给你个简单的证据。

　　有一次,拉伊俄斯得了个神示——我不能说那是福玻斯亲自说的,只能说那是他的祭司说出来的——它说厄运会向他突然袭来,叫他死在他和我所生的儿子手中。可是现在我们听说,拉伊俄斯是在三岔路口被一伙外邦强盗杀死的;我们的婴儿,出生不到三天,就被拉伊俄斯钉住左右脚跟,叫人丢在没有人迹的荒山里了。

　　既然如此,阿波罗就没有叫那婴儿成为杀父亲的凶手,也没有叫拉伊俄斯死在儿子手中——这正是他害怕的事。先知的话结果不过如此,你用不着听信。凡是天神必须做的事,他自会使它实现,那是全不费力的。

**俄狄浦斯**　夫人,听了你的话,我心神不安,魂飞魄散。

**伊俄卡斯忒**　什么事使你这样吃惊,说出这样的话?

**俄狄浦斯**　你好像是说,拉伊俄斯被杀是在一个三岔路口。

**伊俄卡斯忒**　故事是这样;至今还在流传。

**俄狄浦斯**　那不幸的事发生在什么地方?

**伊俄卡斯忒**　那地方叫福喀斯,通往得尔福和道利亚的两条岔路在那里会合。

**俄狄浦斯**　事情发生了多久了?

**伊俄卡斯忒**　这消息是你快要做国王的时候向全城公布的。

# 原文

**俄狄浦斯** 宙斯啊,你打算把我怎么样呢?

**伊俄卡斯忒** 俄狄浦斯,这件事怎么使你这样发愁?

**俄狄浦斯** 你先别问我,倒是先告诉我,拉伊俄斯是什么模样,有多大年纪。

**伊俄卡斯忒** 他个子很高,头上刚有白头发,模样和你差不多。

**俄狄浦斯** 哎呀,我刚才像是凶狠地诅咒了自己,可是自己还不知道。

**伊俄卡斯忒** 你说什么?主上啊,我看着你就发抖啊。

**俄狄浦斯** 我真怕那先知的眼睛并没有瞎。你再告诉我一件事,事情就更清楚了。

**伊俄卡斯忒** 我虽然在发抖,你的话我一定会答复的。

**俄狄浦斯** 他只带了少数侍从,还是像一位国王那样带了许多卫兵?

**伊俄卡斯忒** 一共五个人,其中一个是传令官,还有一辆马车,是给拉伊俄斯坐的。

**俄狄浦斯** 哎呀,真相已经很清楚了!夫人啊,这消息是谁告诉你的。

**伊俄卡斯忒** 是一个仆人,只有他活着回来了。

**俄狄浦斯** 那仆人现在还在家里吗?

**伊俄卡斯忒** 不在;他从那地方回来以后,看见你掌握了王权,拉伊俄斯完了,他就拉着我的手,求我把他送到乡下、牧羊的草地上去,远远地离开城市。我把他送去了。他是个好仆人,应当得到更大的奖赏。

**俄狄浦斯** 我希望他回来,越快越好!

**伊俄卡斯忒** 这倒容易;可是你为什么希望他回来呢?

**俄狄浦斯** 夫人,我是怕我的话说得太多了,所以想把他召回来。

**伊俄卡斯忒** 他会回来的;可是,主上啊,你也该让我知道,你心里到底有什么不安。

## 原文

**俄狄浦斯**　你应该知道我是多么忧虑。碰上这样的命运，我还能把话讲给哪一个比你更应该知道的人听？

我父亲是科任托斯人，名叫波吕玻斯，我母亲是多里斯人，名叫墨洛珀。我在那里一直被尊为公民中的第一个人物，直到后来发生了一件意外的事——那虽是奇怪，倒还不值得放在心上。那是在某一次宴会上，有个人喝醉了，说我是我父亲的冒名儿子。当天我非常烦恼，好容易才忍耐住；第二天我去问我的父母，他们因为这辱骂对那乱说话的人很生气。我虽然满意了，但是事情总是使我很烦恼，因为诽谤的话到处都在流传。我就瞒着父母，去到皮托，福玻斯没有答复我去求问的事，就把我打发走了；可是他却说了另外一些预言，十分可怕，十分悲惨，他说我命中注定要玷污我母亲的床榻，生出一些使人不忍看的儿女，而且会成为杀死我的生身父亲的凶手。

我听了这些话，就逃到外地去，免得看见那个会实现神示所说的耻辱地方，从此我就凭了天象测量科任托斯的土地。我在旅途中来到你所说的，国王遇害的地方。夫人，我告诉你真实情况吧。我走近三岔路口的时候，碰见一个传令官和一个坐马车的人，正像你所说的。那领路的和那老年人态度粗暴，要把我赶到路边。我在气愤中打了那个推我的人——那个驾车的；那老年人看见了，等我经过的时候，从车上用双尖头的刺棍朝我头上打过来。可是他付出了一个不相称的代价，立刻挨了我手中的棍子，从车上仰面滚下来了；我就把他们全杀死了。

如果我这客人和拉伊俄斯有了什么亲属关系，谁还比我更可怜？谁还比我更为天神所憎恨？没有一个公民或外邦人能够在家里接待我，没有人能够和我交谈，人人都得把我赶出门外。这诅咒不是别人加在我身上的,而是我自己。我用这双手玷污了死者的床榻,也就是用这双手把他杀死的。我不是个坏人吗?我不是肮脏不洁吗?我得出外流亡,在流亡中看不见亲人,也回不了祖国;要不然,就得娶我的母亲,杀死那生我养我的父亲波吕玻斯。

如果有人断定这些事是天神给我造成的,不也说得正对吗?你们这些可敬的神圣的神啊,别让我,别让我看见那一天!在我没有看见这罪恶的污点沾到我身上之前,请让我离开尘世。

**歌队长** 在我们看来,主上啊,这件事是可怕的;但是在你还没有向那证人打听清楚之前,不要失望。

**俄狄浦斯** 我只有这一点希望了,只好等待那牧人。

**伊俄卡斯忒** 等他来了,你想打听什么?

**俄狄浦斯** 告诉你吧:他的话如果和你的相符,我就没有灾难了。

**伊俄卡斯忒** 你从我这里听出了什么不对头的话呢?

**俄狄浦斯** 你曾告诉我,那牧人说过杀死拉伊俄斯的是一伙强盗。如果他说的还是同样的人数,那就不是我杀的了;因为一个总不等于许多。如果他只说是一个单身的旅客,这罪行就落在我身上了。

**伊俄卡斯忒** 你应该相信,他是那样说的;他不能把话收回;因为全城的人都听见了,不单是我一个人。即使他改变了以前的话,主上啊,也不能证明拉伊俄斯的死和神示所说的真正相符;因为罗克西阿斯说的是,他注定要死在我儿子手中,可是那不幸的婴儿没有杀死他的父亲,倒是自己先死了。从那时以后,我就再不因为神示而左顾右盼了。

**俄狄浦斯** 你的看法对。不过还是派人去把那牧人叫来,不要忘记了。

**伊俄卡斯忒** 我马上派人去。我们进去吧。凡是你所喜欢的事我都照办。

原文

俄狄浦斯偕众侍从进宫，
伊俄卡斯忒偕侍女随入。

## 七　第三场

伊俄卡斯忒偕侍女自宫中上。

**伊俄卡斯忒**　我邦的长老们啊，我想起了拿着这缠羊毛的树枝和香料到神的庙上；因为俄狄浦斯由于各种忧虑，心里很紧张，他不像一个清醒的人，不会凭旧事推断新事；只要有人说出恐怖的话，他就随他摆布。

　　我既然劝不了他，只好带着这些象征祈求的礼物来求你，吕刻俄斯·阿波罗啊——因为你离我最近——请给我们一个避免污染的方法。我们看见他受惊，像乘客看见船上舵工受惊一样，大家都害怕。

报信人自观众左方上。

**报信人**　啊，客人们，我可以向你们打听俄狄浦斯王的宫殿在哪里吗？最好告诉我他本人在哪里，要是你们知道的话。

**歌队**　啊，客人，这就是他的家，他本人在里面；这位夫人是他儿女的母亲。

**报信人**　愿她在幸福的家里永远幸福，既然她是他全福的妻子！

**伊俄卡斯忒**　啊，客人，愿你也幸福，你说了吉祥话，应当受我回敬。请你告诉我，你来求什么，或者有什么消息见告。

**报信人**　夫人，对你家和你丈夫是好消息。

**伊俄卡斯忒**　什么消息？你是从什么人那里来的？

**报信人**　从科任托斯来的。你听了我要报告的消息一定高兴，怎么会不高兴呢？但也许还会发愁呢。

**伊俄卡斯忒**　到底是什么消息？怎么会使我高兴又使我发愁。

**报信人**　人民要立俄狄浦斯为伊斯特摩斯地方的王，那里是这样说的。

**伊俄卡斯忒**　怎么？老波吕玻斯不是还在掌权吗？

**报信人**　不掌权了；因为死神已把他关进坟墓了。

**伊俄卡斯忒**　你说什么？老人家，波吕玻斯死了吗？

**报信人**　倘若我撒谎，我愿意死。

**伊俄卡斯忒**　侍女呀，还不快去告诉主人？

侍女进宫。

啊，天神的预言，你成了什么东西了？俄狄浦斯多年来所害怕，所要躲避的正是这人，他害怕把他杀了；现在他已寿尽而死，不是死在俄狄浦斯手中的。

俄狄浦斯偕众侍从自宫中上。

**俄狄浦斯**　啊，伊俄卡斯忒，最亲爱的夫人，为什么把我从屋里叫来？

**伊俄卡斯忒**　请听这人说话，你一边听，一边想天神的可怕预言成了什么东西了。

**俄狄浦斯**　他是谁？有什么消息见告？

**伊俄卡斯忒**　他是从科任托斯来的，来讣告你父亲波吕玻斯不在了，去世了。

**俄狄浦斯**　你说什么，客人？亲自告诉我吧。

**报信人**　如果我得先把事情讲明白，我就让你知道，他死了，去世了。

**俄狄浦斯**　他是死于阴谋，还是死于疾病？

**报信人**　天平稍微倾斜，一个老年人便长眠不醒。

**俄狄浦斯**　那不幸的人好像是害病死的。

**报信人**　并且因为他年高寿尽了。

**俄狄浦斯**　啊！夫人呀，我们为什么要重视皮托颁布预言的庙宇，或空

## 原文

中啼叫的鸟儿呢？它们曾指出我命中注定要杀我父亲。但是他已经死了，埋进了泥土；我却还在这里，没有动过刀枪。除非说他是因为思念我而死的，那么倒是我害死了他。这似灵不灵的神示已被波吕玻斯随着带着，和他一起躺在冥府里，不值半文钱了。

**伊俄卡斯忒** 我不是早就这样告诉了你吗？

**俄狄浦斯** 你倒是这样说过，可是，我因为害怕，迷失了方向。

**伊俄卡斯忒** 现在别再把这件事放在心上了。

**俄狄浦斯** 难道我不该害怕玷污我母亲的床榻吗？

**伊俄卡斯忒** 偶然控制着我们，未来的事又看不清楚，我们为什么惧怕呢？最好尽可能随随便便地生活。别害怕你会玷污你母亲的婚姻；许多人会曾梦中娶过母亲；但是那些不以为意的人却安乐地生活。

**俄狄浦斯** 要不是我母亲还活着，你这话倒也对；可是她既然健在，即使你说得对，我也应当害怕啊！

**伊俄卡斯忒** 可是你父亲的死总是个很大的安慰。

**俄狄浦斯** 我知道是个很大的安慰，可是我害怕那活着的妇人。

**报信人** 你害怕的妇人是谁呀？

**俄狄浦斯** 老人家，是波吕玻斯的妻子墨洛珀。

**报信人** 她哪一点使你害怕？

**俄狄浦斯** 啊，客人，是因为神送来的可怕预言。

**报信人** 说得说不得？是不是不可以让人知道？

**俄狄浦斯** 当然可以。罗克西阿斯曾说我命中注定要娶自己的母亲，亲手杀死自己的父亲。因此多年来我远离着科任托斯。我在此虽然幸福，可是看见父母的容颜是件很大的乐事啊。

**报信人** 你真的因为害怕这些事，离开了那里？

**俄狄浦斯** 啊,老人家,还因为我不想成为杀父的凶手。

**报信人** 主上啊,我怀着好意前来,怎么不能解除你的恐惧呢?

**俄狄浦斯** 你依然可以从我手里得到很大的应得报酬。

**报信人** 我是特别为此而来的,等你回去的时候,我可以得到一些好处呢。

**俄狄浦斯** 但是我决不肯回到我父母家里。

**报信人** 年轻人!显然你不知道你在做什么。

**俄狄浦斯** 怎么不知道呢,老人家?看在天神面上,告诉我吧。

**报信人** 如果你是为了这个缘故不敢回家。

**俄狄浦斯** 我害怕福玻斯的预言在我身上应验。

**报信人** 是不是害怕因为杀父娶母而犯罪?

**俄狄浦斯** 是的,老人家,这件事一直在吓唬我。

**报信人** 你知道你没有理由害怕么?

**俄狄浦斯** 怎么没有呢,如果我是他们的儿子?

**报信人** 因为你和波吕玻斯没有血统关系。

**俄狄浦斯** 你说什么?难道波吕玻斯不是我的父亲?

**报信人** 正像我不是你的父亲,他也同样不是。

**俄狄浦斯** 我的父亲怎能和你这个同我没关系的人同样不是?

**报信人** 你不是他生的,也不是我生的。

**俄狄浦斯** 那么他为什么称呼我作他的儿子呢?

**报信人** 告诉你吧,是因为他从我手中把你当一件礼物接受了下来。

**俄狄浦斯** 但是他为什么十分疼爱别人送的孩子呢?

**报信人** 他从前没有儿子,所以才这样爱你。

**俄狄浦斯** 是你把我买来,还是把我捡来送给他的?

**报信人** 是我从喀泰戎峡谷里把你捡来送给他的。

## 原文

俄狄浦斯　你为什么到那一带去呢?

报信人　我在那里放牧山上的羊。

俄狄浦斯　你是个牧人,还是个到处漂泊的佣工。

报信人　年轻人,那时候我是你的救命恩人。

俄狄浦斯　你把我抱在怀里的时候,我有没有什么痛苦?

报信人　你的脚跟可以证实你的痛苦。

俄狄浦斯　哎呀,你为什么提起这个老毛病?

报信人　那时候你的左右脚跟是钉在一起的,我给你解开了。

俄狄浦斯　那是我襁褓时候遭受的莫大耻辱。

报信人　是呀,你是由这不幸而得到你现在的名字的。

俄狄浦斯　看在天神面上,告诉我,这件事是我父亲还是我母亲做的? 你说。

报信人　我不知道;那把你送给我的人比我知道得清楚。

俄狄浦斯　怎么? 是你从别人那里把我接过来的,不是自己捡来的吗?

报信人　不是自己捡来的,是另一个牧人把你送给我的。

俄狄浦斯　他是谁? 你指得出来吗?

报信人　他被称为拉伊俄斯的仆人。

俄狄浦斯　是这地方从前的国王的仆人吗?

报信人　是的,是国王的牧人。

俄狄浦斯　他还活着吗? 我可以看见他吗?

报信人　(向歌队)你们这些本地人应当知道得最清楚。

俄狄浦斯　你们这些站在我面前的人里面,有谁在乡下或城里见过他所说的牧人,认识他? 赶快说吧! 这是水落石出的时机。

歌队长　我认为他所说的不是别人,正是你刚才要找的乡下人;这件事伊俄卡斯忒最能够说明。

# 原文

**俄狄浦斯** 夫人，你还记得我们刚才想召见的人吗？这人所说的是不是他？

**伊俄卡斯忒** 为什么问他所说的是谁？不必理会这事。不要记住他的话。

**俄狄浦斯** 我得到了这样的线索，还不能发现我的血缘，这可不行。

**伊俄卡斯忒** 看在天神面上，如果你关心自己的性命，就不要再追问了；我自己的苦闷已经够了。

**俄狄浦斯** 你放心，即使发现我母亲三世为奴，我有三重奴隶身份，你出身也不卑贱。

**伊俄卡斯忒** 我求你听我的话，不要这样。

**俄狄浦斯** 我不听你的话，我要把事情弄清楚。

**伊俄卡斯忒** 我愿你好，好心好意劝你。

**俄狄浦斯** 你这片好心好意一直在使我苦恼。

**伊俄卡斯忒** 啊，不幸的人，愿你不知道你的身世。

**俄狄浦斯** 谁去把牧人带来？让这个女人去赏玩她的高贵门第吧！

**伊俄卡斯忒** 哎呀，哎呀，不幸的人呀！我只有这句话对你说，从此再没有别的话可说了！

伊俄卡斯忒冲进宫。

**歌队长** 俄狄浦斯，王后为什么在这样忧伤的心情下冲了进去？我害怕她这样闭着嘴，会有祸事发生。

**俄狄浦斯** 要发生就发生吧！即使我的出身卑贱，我也要弄清楚。那女人——女人总是很高傲的——她也许因为我出身卑贱感觉羞耻。但是我认为我是仁慈的幸运宠儿，不至于受辱。幸运是我的母亲；十二个月份是我的弟兄，他们能划出我什么时候渺小，什么时候伟大。这就是我的身世，我决不会被证明是另一个人；因此我一定要追问我的血统。

## 九　第四场

**俄狄浦斯**　长老们，如果让我猜想，我以为我看见的是我们一直在寻找的牧人，虽然我没有见过他。他的年纪和这客人一般大；我并且认识那些带路的是自己的仆人。（向歌队长）也许你比我认识得清楚，如果你见过这牧人。

**歌队长**　告诉你吧，我认识他；他是拉伊俄斯家里的人，作为一个牧人，他和其他的人一样可靠。

众仆人带领牧人自观众左方上。

**俄狄浦斯**　啊，科任托斯客人，我先问你，你指的是不是他？

**报信人**　我指的正是你看见的人。

**俄狄浦斯**　喂，老头儿，朝这边看，回答我问你的话。你是拉伊俄斯家里的人吗？

**牧人**　我是他家养大的奴隶，不是买来的。

**俄狄浦斯**　你干的什么工作，过的什么生活？

**牧人**　大半辈子放羊。

**俄狄浦斯**　你通常在什么地方住羊棚？

**牧人**　有时候在喀泰戎山上，有时候在那附近。

**俄狄浦斯**　还记得你在那地方见过这人吗？

**牧人**　见过什么？你指的是哪个？

**俄狄浦斯**　我指的是眼前的人；你碰见过他没有？

**牧人**　我一下子想不起来，不敢说碰见过。

**报信人**　主上啊，一点也不奇怪。我能使他清清楚楚回想起那些已经忘记了的事。我相信他记得他带着两群羊，我带着一群羊，我们在喀泰戎山上从春天到阿耳克图洛斯初升的时候做过三个半年朋友。到了冬天，我赶着羊回我的羊圈，他赶着羊回拉伊俄斯的羊圈。（向牧人）我说的是不是真事？

**牧人** 你说的是真事，虽是老早的事了。

**报信人** 喂，告诉我，还记得那时候你给了我一个婴儿，叫我当自己的儿子养着吗？

**牧人** 你是什么意思？干吗问这句话？

**报信人** 好朋友，这就是他，那时候是个婴儿。

**牧人** 该死的家伙！还不快住嘴！

**俄狄浦斯** 啊，老头儿，不要骂他，你说这话倒是更该挨骂！

**牧人** 好主上啊，我有什么错呢？

**俄狄浦斯** 因为你不回答他问你的关于那个孩子的事。

**牧人** 他什么都不晓得，却要多嘴，简直是白搭。

**俄狄浦斯** 你不痛痛快快回答，要挨了打哭才回答！

**牧人** 看在天神面上，不要拷打一个老头子。

**俄狄浦斯** （向侍从）还不快把他的手反绑起来？

**牧人** 哎呀，为什么呢？你还要打听什么呢？

**俄狄浦斯** 你是不是把他所问的那孩子给了他？

**牧人** 我给了他；愿我在那一天就瞪了眼！

**俄狄浦斯** 你会死的，要是你不说真话。

**牧人** 我说了真话，更该死了。

**俄狄浦斯** 这家伙好像还想拖延时间。

**牧人** 我不想拖延时间，我刚才已经说过我给了他。

**俄狄浦斯** 哪里来的？是你自己的，还是从别人那里得来的？

**牧人** 这孩子不是我自己的，是别人给我的。

## 原文

**俄狄浦斯** 哪个公民,哪家给你的?

**牧人** 看在天神面上,不要,主人啊,不要再问了!

**俄狄浦斯** 如果我再追问,你就活不成了。

**牧人** 他是拉伊俄斯家里的孩子。

**俄狄浦斯** 是个奴隶,还是个亲属?

**牧人** 哎呀,我要讲那怕人的事了!

**俄狄浦斯** 我要听那怕人的事了!也只好听下去。

**牧人** 人家说是他的儿子,但是里面的娘娘,主上家的,最能告诉你是怎么回事。

**俄狄浦斯** 是她交给你的吗?

**牧人** 是,主上。

**俄狄浦斯** 是什么用意呢?

**牧人** 叫我把他弄死。

**俄狄浦斯** 做母亲的这样狠心吗?

**牧人** 因为她害怕那不吉利的神示。

**俄狄浦斯** 什么神示?

**牧人** 人家说他会杀他父亲。

**俄狄浦斯** 你为什么又把他送给了这老人呢?

**牧人** 主上啊,我可怜他,我心想他会把他带到别的地方——他的家里去;哪知他救了他,反而闯了大祸。如果你就是他所说的人,我说,你生来是个受苦的人啊!

**俄狄浦斯** 哎呀!哎呀!一切都应验了!天光呀,我现在向你看最后一眼!我成了不应当生我的父母的儿子,娶了不应当娶的母亲,杀了不应当杀的父亲。

俄狄浦斯冲进宫,众侍从随入,

## 原文

报信人、牧人和众仆人自观众左方下。

（罗念生　译）

**注释：**

① 此处残缺一行。

## 赏析

索福克勒斯的《俄狄浦斯王》在文学史上一直占有特殊的位置，是古希腊悲剧中堪称典范的作品。其完美的叙述结构、惊心动魄的故事情节和处处洋溢着的古典时代的高贵精神，令多少后来者望尘莫及。塞内加、高乃依、德莱顿、伏尔泰等人都曾写过同名剧本，皆自叹不如索福克勒斯。

《俄狄浦斯王》取材于古代神话传说，以倒叙的形式讲述俄狄浦斯一生颠沛流离、冥冥注定的悲惨命运。这是一出典型的古希腊命运悲剧，诗人索福克勒斯在剧中淋漓尽致地表达了古希腊人对人的意志和命运的思考。索福克勒斯相信神，也相信神人之间存在着某些不可预测和解释的神秘力量，即所谓的命运。在《俄狄浦斯王》一剧中，来自阿波罗的神谕——俄狄浦斯注定要杀父娶母——是戏剧发展的动因，也是全剧布局的全部奥秘。俄狄浦斯和他的父母从一开始便下决心抗争命运，试图摆脱他"杀父娶母"的预言，却终究逃不出命运的窠臼。索福克勒斯独具匠心地布置悲剧的结构，采用倒叙的方式，双线布局，层层逼近，如现代的侦探小说，充满着暗示和呼应，将观众逐步引入胜地。诗人在开幕时便颁布天神的指示：要惩罚杀死先王的凶手，才能拯救城邦。凶手是谁？在开场俄狄浦斯与先知的对话中，已有答案。问题在于，说要惩罚凶手的人是如何发现自己变成凶手的？这是一个悬念，令人充满猜测和期待。为此，索福克勒斯铺设了两条线索，一是忒拜牧人提供的口讯，说先王拉伊俄斯死在三岔口。王后伊俄

## 赏析

卡斯忒曾对俄狄浦斯回忆拉伊俄斯的相貌、年龄、被杀的时间和侍从的人数,这一切已可证明俄狄浦斯是杀父的凶手,悬念似乎一击即破。但是,索福克勒斯并不急于击破,故意放慢节奏,他在结构的安排上是相当用心的,让王后的回忆与事实有些出入,说先王是一群强盗所害。这使悬念有所回旋,进一步积蓄即将迸发的情感,引向更高的高潮。科任托斯报信人的到来,使悬念再起波澜。报信人告诉俄狄浦斯说,他并不是科任托斯国王波吕玻斯的亲生儿子,而是他捡来送给国王的。这使俄狄浦斯逃避"杀父娶母"预言的所作所为皆成徒劳,事实逐渐明朗。当忒拜牧羊人和科任托斯报信人相遇的时候,这两条线索交汇在一起,悬念终于解开,真相大白,俄狄浦斯对自己残酷的惩罚成为悬念的结局。《俄狄浦斯王》一剧的结构安排为索福克勒斯赢得高度的赞誉。诗人围绕着"杀父娶母"这一焦点,将四十年来发生的事件若隐若现串联在一起,以极简洁的结构和极紧凑的节奏叙述了一个跌宕起伏的故事。

索福克勒斯素有"刻画人物的巨匠"之美称,在悲剧中创造了形形色色的人物,每个人物都有鲜明的个性。俄狄浦斯是个具有大智大勇的国王,为了忒拜人民的安康,他义无反顾地追查凶手,即使处境对自己越来越不利,他也要坚持到底,只要能拯救人民,他在所不惜。他重视家庭伦理,为了逃避"杀父娶母"的预言,一直在抗争着。他将波吕玻斯和墨洛珀误认为自己的亲生父母,为不伤害他们,他选择流浪。当他知道波吕玻斯已年高寿尽时,他感到安慰,同时仍因怕"玷污母亲的床榻"而不敢回去继承王位。当他知道他是杀父的凶手,他没有逃避责任,而是诚实地接受,勇敢地面对。俄狄浦斯是索福克勒斯所歌颂的英雄,是一个活生生的人而不是神。他有作为英雄的光辉一面,也有人的缺点。比如他狂妄而粗暴,他一看到先知对他有所隐瞒,就焦急万分,叱骂先知是凶手。他是一个固执而倔强的人,对歌队和克瑞翁等人的规劝不以为然。但是,不可否认,俄狄浦斯是伟大的,他对命运的反抗在某种程度上讲隐喻了古希腊人试图摆脱神秘力量的支配,寻求走向自由王国的渴望和努力。俄狄浦斯最终成为命运的玩偶,但他抗争的精神是伟大而不朽的,他的人生悲剧为他赢得了最大的怜悯、最永久的同情。

《俄狄浦斯王》是一出耐人寻味的戏剧,其出色之处不仅在于结构之精巧、主题思想之深远、人物塑造之成功,还在于索福克勒斯的语言魅力。索福克勒斯的语言朴实无华却具有一种悲壮之美。他善于驾驭双关语,让俄狄浦斯无意中说出隐喻,以吻合他谜语般的双重身份。观众在看完全剧之后,前后对照,才能真正理解人物的话中之话。如第二场,歌队为克瑞翁求情,俄狄浦斯答道:"你要知道,你这要求,不是把我害死,就是把我放逐。"结果,正如其所言,俄狄浦斯最后落得个杀父娶母的罪名,放逐在外。又如,第四场,俄狄浦斯知道了所有的真相后,仰天长叹:"天光啊,我现在向你看最后一眼",预示了后来他刺瞎双眼,告别世界的光明。诸如此类的例子俯拾皆是。双关语的应用,使得悬念一直悬挂在空中,整个剧本充满着神秘感。直到最后,真相大白,观众细细回味,才感受到全剧表里呼应和弦外之音的美妙。

(蔡 枫)

# 特剌喀斯少女

| 作品提要 |

得阿涅拉嫁给宙斯和阿尔克墨涅的儿子赫剌克勒斯为妻,赫剌克勒斯经常远行服役。有一次,赫剌克勒斯出门逾久未归,杳无音讯。得阿涅拉便派儿子许罗斯前去找寻。不久,传来赫剌克勒斯战争取胜的好消息,还

## 原文

送来一名叫伊俄勒的女子。原来这名女子竟是赫剌克勒斯强娶的新妇。得阿涅拉知道真相后非常伤心,为了挽留住丈夫对自己的爱,得阿涅拉把用怪兽涅索斯的血块涂抹过的袍子送给赫剌克勒斯。在祭坛前,赫剌克勒斯穿上这件袍子,结果袍子一受火烤便贴紧他的身体。在难以忍受的情况下他逼迫儿子许罗斯把他放在火上烧死,并强令许罗斯娶伊俄勒为妻。得阿涅拉没想到会是这样的结果,所谓的"媚药"不但没能帮她留住丈夫的心,反而害死了丈夫。在极度自责和悲伤中,得阿涅拉自杀身亡。

| 作品选录 |

## 三 第一场

**得阿涅拉** 我猜想,你是听见了我的灾难,才到这里来的,可是你现在并不体会我心里是怎样的痛苦,但愿你不会凭你的经历而得到体会啊!那嫩苗栽种在安宁的园地上,太阳神的炎势,狂风暴雨都不来侵害,它在安乐中舒适地成长,直到处女被称为妻子,在夜间接受了她的一份焦虑,为丈夫或儿女而忧愁的时候为止。只有这样的女人想到自己的处境,才能体会我被压抑在什么样的痛苦之下啊!

我曾经为多少灾难而痛哭;但是从来没有像为这事这样伤心落泪过,这事我马上就告诉你。当我的丈夫赫剌克勒斯出门作最后一次旅行时,他曾经把一块古老的写字板留在家里,上面刻着一些符号。他出外冒过多少次危险,可是每次都无心向我解释,因为他每次出门,都像是去立功,不像是去死。但是他上次却像一个将死的人一样告诉我,哪一些婚姻财产归我所有,哪一份祖业他指定分配给他的儿子们,并且规定了分配的日期;他说,他离家一年零三个月期满之后,若是命中注定不死,便会躲过那期限,安安乐乐活下来。

他说,赫剌克勒斯的苦差使,天神注定这样完成,有如多多涅地方古老的橡树先前发出的、由那两个珀勒阿得斯说出的预言。那预言所指定的确切期限和现在的时日正好相合,那一定会应验的;因此,朋友们,我在酣睡的时候,为恐惧所惊扰而跳了起来,担心我会失去这人间最好的丈夫而孀居度日。

**歌队长** 现在别再说不吉利的话了;我看见有人前来,他戴着一顶桂冠,定是来报告好消息。

报信人自观众左方上。

**报信人** 得阿涅拉,我的主母啊,请你放心,阿尔克墨涅的儿子还活在世上,他打赢了,正从战地把胜利的果实带给这地方的神。

**得阿涅拉** 老人家,你告诉我的是什么消息呀?

**报信人** 你的丈夫,大家羡慕的人,很快就要到了,威风凛凛,胜利归来。

**得阿涅拉** 你告诉我的消息是从这城里哪个人,还是从哪个外地客人那里打听来的?

**报信人** 传令官利卡斯正在夏季牧场上向大众传达这消息;我从他那里听见了,就跑来抢先告诉你,好从你这里得到犒赏和酬谢。

**得阿涅拉** 如果他带回的是好消息,本人怎么不来?

**报信人** 只因为,夫人啊,他行动不方便。马利斯人全都围着他问长问短,使他无法前进。每个人都想打听他所渴望的事,不听个痛快,不放他走。尽管他不乐意,却这样被那些乐意的人围了起来。但是,一会儿你就可以看见他在你面前出现。

**得阿涅拉** 宙斯啊,那不许收割的俄忒高原上的主宰啊,你终于赐我们

# 原文

以欢乐！屋里和前院的姑娘们啊，放声欢呼吧，因为我们在绝望中欣赏到这好消息带来的曙光。

**甲半队队长** （舞歌）让快出阁的姑娘为这个家在灶火边唱一支快乐的歌，让青年男子在歌声中一同向我们的保护神，那背着漂亮箭筒的阿波罗欢呼；还有，你们这些女郎啊，你们也同时唱一支赞美歌，赞美歌，向他的姐姐，那出生自鹑岛的阿耳忒弥斯，那射鹿的神，那左右手都擎着火炬的女神欢乐地歌唱吧，还向那些和她作伴的仙女欢乐地歌唱吧！

**乙半队队长** 我多么兴奋啊，我欢迎那双管①——我心灵的主宰！看呀，这常春藤②使我发狂，嗷嗨！它叫我跳酒神的旋舞。

**歌队** 咿哦，咿哦，派安③啊！

**歌队长** 看呀，亲爱的夫人，你现在可以看见这消息里报道的事情在你眼前出现。（舞歌完）

**得阿涅拉** 我看见了，亲爱的姑娘们啊；我的眼睛正在眺望，不至于看不见那一队人。

利卡斯带着一群女俘虏自观众左方上，
其中一个是伊俄勒。

我当着大众欢迎你这位迟迟而来的传令官，只要你带来的是欢乐的消息。

**利卡斯** 夫人啊，我兴高采烈地回来，受到兴高采烈的欢迎，这是合乎我们事业的成就的，因为一个人立了大功，理应受到欢迎。

**得阿涅拉** 最好的人啊，先把我最渴望的消息告诉我：我将迎接活着回来的赫剌克勒斯吗？

**利卡斯** 我离开他的时候，他活着，精力充沛，生气勃勃，没有病痛。

**得阿涅拉** 他在哪里，在国内，还是国外？快说呀！

**利卡斯** 欧玻亚有一个海角,他正在那里为刻奈翁的宙斯划出一块祭坛,规定果实的贡税。

**得阿涅拉** 为了还愿,还是奉了神示?

**利卡斯** 为了还愿,那是他用戈矛把你亲眼看见的这些妇女的城邦毁灭时许下的愿。

**得阿涅拉** 但是,看在天神分上,告诉我,她们是什么人?是谁的女儿?她们很可怜,如果她们的境况没有欺骗我的话。

**利卡斯** 这些是他劫掠欧律托斯的都城时,为他自己和众神挑出来的掠获物。

**得阿涅拉** 是为了攻打那都城,他去了不知多少天,数不清的日子?

**利卡斯** 不是,绝大部分时间他在吕底亚稽留,据他说,他是被卖为奴,并不自由。夫人啊,这句话不应该使人听了不高兴,事情原是宙斯促成的啊。因为,据他说,他被卖给翁法勒那外夷女人,佣工满了一年。他受了这耻辱,感到痛心,发誓要使那害了他的人,连同那人的妻子儿女沦为奴隶。这句话不是白说的;他在净罪之后,招集了一支外国军队,前去攻打欧律托斯的都城;他认为这人间只有他才是这祸害的肇事者。有一次,赫剌克勒斯去到他家灶火旁边,尽管欧律托斯和赫剌克勒斯是老交情,他竟用许多话痛骂他,拿许多恶意的举动对待他,甚至说:"尽管你有从不虚发的箭在手,可是论箭术,你却不如我的儿子们!"他并且嚷道:"你是自由人的奴隶,应该挨揍。"在宴客的时候,他趁赫剌克勒斯喝醉了,把他轰出了大门。

赫剌克勒斯为这事很生气,后来伊菲托斯为了寻找走失的马,来到提任斯山坡,眼睛望着这方,心转向那方时,赫剌克勒斯就把他从那望楼般的山顶上推将下去。我们的主宰,奥林波斯山上的

## 原文

宙斯，人和神的父亲，为他这行为勃然大怒，把他出卖为奴；宙斯不肯宽容他，因为他是用诡计杀死了伊菲托斯，虽然他只是这样杀死一个人；如果他是公开报复，宙斯倒会原谅他正当地打败了他的仇人；天神是不喜欢狂妄行为的。

所以那些口出恶言、妄自尊大的人，统统成了冥间的居住者，他们的城邦也遭受奴役；这些女子，你亲眼看见的，从幸福的巅顶跌了下来，来到你这里过苦难的生活；这差使是你丈夫派定的，我是忠心于他，执行这任务。至于他本人，等他为攻下那都城而向他父亲宙斯献上神圣的牺牲之后，你就可以盼望他回来。在我报告的这一段好消息里，这句话听起来最甜蜜不过！

**歌队长** 主母啊，你现在看见了这眼前的景象，知道了这报告里其余的消息，你的快乐是确实可靠的。

**得阿涅拉** 我听到我丈夫的幸运消息，心里怎能不快乐呢？我的快乐完全应该和他的幸运相对应。可是善于观察事物的人却有所畏惧，生怕在走运的时候跌跤。朋友们，当我看见这些不幸女子的时候，我心里发生了强烈的同情，她们没有家，没有父亲，在外漂流，她们从前也许是自由人的女儿，如今却过着奴隶生活。宙斯啊，胜利的赏赐者啊，别让我看见你这样袭击我的儿女；万一你要做什么，也不要趁我在世的时候。我一见这些女子，就这样害怕起来。

（向伊俄勒）不幸的女子啊，你是谁？是闺女，还是母亲？照你的外表看来，生儿育女的事你都还没有经历过，你的出身又是高贵的。利卡斯，这客人是谁的女儿？谁是她的母亲，谁是她生身的父亲？说出来吧！我一见就可怜她，胜过我可怜那些别的女子，因为看来只有她显得有感触。

**利卡斯** 我哪里知道？你为什么追问？她也许是那地方并不卑贱的人

的女儿。

**得阿涅拉** 她是不是王家的后代？欧律托斯有没有女儿？

**利卡斯** 我不知道；我没有多打听。

**得阿涅拉** 你没有从她的同伴那里得知她的名字吗？

**利卡斯** 没有；我只是不声不响，做自己的事。

**得阿涅拉** （向伊俄勒）不幸的女子啊，你亲自告诉我吧；真是遗憾，连你的名字我们都不知道。

**利卡斯** 要是她开口说话，那就和她先前的态度不一样了；她一直没有说过话，不论长短。自从她离开了她那山高风大的家乡以后，她总是为她的沉重灾难而苦恼，这可怜的女子总是哭哭啼啼。她这样子，在她是很痛苦的，在我们看来也是情有可原的。

**得阿涅拉** 那就随她去吧，让她这样子进屋，她最愿意；不必使她在目前的灾难中，更从我手里受到新的痛苦，因为这目前的已经够她受了。现在全都进屋去，你好准备赶到你要到的地方去，我也好把里面的事安排安排。

利卡斯引众女俘虏进屋，得阿涅拉正要转身进去。

**报信人** （向得阿涅拉）请你留一步，好背着他们，听听你送进去的女子都是谁，还可以详细听听那些必须知道的事，你还没有听见过的；那些事我知道得很清楚。

**得阿涅拉** 你这是什么意思？为什么拦住我？

**报信人** 请停下来听一听，我先前的话值得一听，我认为我现在的话也值得一听。

**得阿涅拉** 要不要把他们叫回来？你是不是只愿意当着我和这些姑娘谈谈？

**报信人** 当着你和这些姑娘倒没有什么不方便，顶好让他们进去。

# 原文

**得阿涅拉**　他们已经走了；你有话快说呀。

**报信人**　那家伙方才说的，没有一句是真话；若不是他现在撒谎，便是他先前是个不忠实的报信人。

**得阿涅拉**　你说什么？快把你的意思明白告诉我，你方才说的我没有听懂。

**报信人**　我曾经听见那家伙当着许多可以作证的在场人说，赫剌克勒斯是为了这女子的缘故，才杀死欧律托斯，攻下那城楼高耸的俄卡利亚的；神们中唯有厄洛斯引诱他这次动干戈——不是因为他在吕底亚在翁法勒手下做过苦工，也不是因为伊菲托斯坠地死亡。那报信人方才却把厄洛斯抛在一边，而提出不同的说法。

　　赫剌克勒斯未能说服那做父亲的把女儿送给他，使他有个秘密的床榻，因此编了一个小小的怨言作为口实，去攻打她的祖国，毁灭她的都城。现在，主母啊，他回来了，还是把她先送到家里来——正如你亲眼看见的，——他并不是漠不关心，并不是把她当作奴隶；你可不要那样梦想，不会是那样的，既然他心里燃起了情欲。

　　因此，主母啊，我决心把我从利卡斯那里听来的消息全盘告诉你。许多人都和我一样，在特剌喀斯人的公共集会场中听见过这话，都能证明他有罪过。如果我的话听起来不顺耳，我很抱歉，但是我说的却是真实的情形。

**得阿涅拉**　哎呀，我处在什么样的境况里呀！我接受了一个什么样的隐患到我家里！哎呀！难道她就是那个无名女子，正如那押送她的人发誓说的？

**报信人**　她的名字和出身是很闻名的：论世系，她是欧律托斯的女儿，名叫伊俄勒，关于她的家世，那家伙却无话可说，说是"没有打听"！

**歌队长**　并不是所有的坏人都该死,只是那偷偷地干了不合身份的坏事的人才该死!

**得阿涅拉**　姑娘们,怎么办呢?这目前的消息把我弄糊涂了。

**歌队长**　去问问那人,也许他会说真话,只要你愿意逼迫他回答。

**得阿涅拉**　那我就去,你的话并不是没有道理。

**报信人**　我应当在这里等候,还是做点什么事?

**得阿涅拉**　你且留下来,既然这人不待我召唤,自己从屋里出来了。

利卡斯自屋内上。

**利卡斯**　夫人啊,我回去该对赫刺克勒斯说些什么?请你指点我,你看,我要走了。

**得阿涅拉**　你迟迟才回来,我们还没有多谈几句,你这样快就要走了。

**利卡斯**　但是,如果你有话要问,我就一旁侍立。

**得阿涅拉**　你跟我说老实话吗?

**利卡斯**　请伟大的宙斯作证,凡是我知道的,我都讲出来。

**得阿涅拉**　你带回来的女人到底是谁呀?

**利卡斯**　是个欧玻亚人;是谁生的,我可答不上来。

**报信人**　你这家伙,往这边看,你以为你在对谁说话?

**利卡斯**　你为什么问起这个?

**报信人**　你要是心里明白,请回答我问你的话。

**利卡斯**　我是在对主妇得阿涅拉,俄纽斯的女儿,赫刺克勒斯的妻子,我的主母说话,如果我的眼睛没有欺骗我的话。

**报信人**　这正是我要听你说的,你说她是你的主母吗?

**利卡斯**　是;我应当为她效劳。

**报信人**　要是你对她不忠实,该当何罪?

**利卡斯**　怎么会不忠实?你是故弄玄虚。

# 原文

**报信人** 我没有,你说的才是故弄玄虚。

**利卡斯** 我要走了;老听你说话才傻呢。

**报信人** 在你回答这个简单的问话之前,你不能走。

**利卡斯** 你要问就问吧;你这张嘴就是安静不下来。

**报信人** 你带回来的那个女俘虏——你知道我指的是谁?

**利卡斯** 知道;你为什么问起这个?

**报信人** 你不是说过,你带回来的女人是欧律托斯的女儿伊俄勒?你方才却望着她,装作不认识。

**利卡斯** 我对谁说过?有谁给你作证,证明他从我这里听说过?

**报信人** 你对许多市民说过;一大群人在特刺喀斯人的公共集会场上听你说过。

**利卡斯** 不错;我是说过谣传如此,但是揣测之辞不是确切的证据。

**报信人** 什么揣测之辞?你不是发誓说过,你是把她当作赫剌克勒斯的新娘带回来的?

**利卡斯** 我说过"新娘"二字吗?亲爱的主母,看在天神分上,告诉我,这客人是谁呀?

**报信人** 正是在那里听过你说话的人。你曾说过,那整个城邦是因为有人爱上这女子而陷落的,不是吕狄亚王后,而是这女子所引起的情欲把它毁灭的。

**利卡斯** 主母啊,让这人走开吧;同疯子吵嘴,未免不聪明。

**得阿涅拉** (向利卡斯)我凭向俄忒高谷投射电光的宙斯求你,不要说假话。听你说话的不是个胸襟狭窄的妇人,她不是不懂得人们的性情;他们生来是喜新厌旧的。谁像拳师一样站起来,拳头对拳头和厄洛斯搏斗,谁就不聪明,因为厄洛斯随心所欲,统治着众神和我,他怎么会不统治另一个像我这样软弱的女人呢?如果我责备我丈夫染上这种狂热病,或是责备这女子,我就是发疯了;这种事对他们说来没有什么可耻,对我说来也没有什么害处。我不至于如此。但是,如果是他教你说假话,你所得到的并不是个好教训,如果是你教自己说假话,当你想做个好心肠的人的时候,你却会被发现是个残忍的人。快把真情全盘吐出来。一个人被称为撒谎者,是一种沾在身上的难看污点。你想不败露,是不可能的;因为许多人都听你说过,他们会告诉我的。

如果你有所顾虑,你怕得没道理;因为不知真情固然使我痛苦;但是知道了又有什么害处呢?赫剌克勒斯已经娶过许多别的女子——谁也没有他娶得多——她们当中谁也没有从我这里受到一句恶言或辱骂;这女子也不会的,尽管她深深地沉浸在情爱中;我一见就十分可怜她;因为她的美貌毁了她一生,这不幸的女子无意之间就倾覆了她的祖国,使它遭受奴役。

这些事让它们随风顺水漂散吧!但是,我告诉你,要骗就骗别人,对我永远不要说假话。

**歌队长** 听从善良的劝告吧,今后你对这位夫人是不会有怨言的,而且可以得到我的感谢呢。

**利卡斯** 亲爱的主母,我既然看见你,一个凡人,很懂人情,很体谅人,我一定把真情全盘告诉你,决不隐瞒。事情正如他所说的。这女子有一次在赫剌克勒斯心里引起了一种强烈的情欲,为了她的缘故,她的祖城俄卡利亚倒在他的矛尖下,整个毁灭了。这事情——我得替他剖白——他从不否认,也不曾叫我隐瞒。主母啊,只不过怕这消息伤了你的心,我才犯了罪过。如果你认为这是罪过的话。

现在,你既然知道了这整个故事,你就为他好,不下于为你自己好,对这女子宽容宽容,并且坚决遵守你方才说的关系到她的

## 原文

话。因为他虽然靠他的力量在一切别的场合获得了胜利,却完全屈服在她的爱情之下。

**得阿涅拉**　我愿意这样做。无论如何,我决不同天神苦斗,自取烦恼。我们进屋吧,我要把我的口信告诉你,由你带去,我还要准备一点相当的礼物作为回敬,也由你带去。因为这是不对的,你带了这么一大队人来,却空着手回去。

利卡斯随得阿涅拉进屋,

报信人自观众左方下。

### 五　第二场

得阿涅拉偕一侍女自屋内上,侍女捧着一个匣子。

**得阿涅拉**　亲爱的朋友们,我趁那报信的客人在屋里同那些被俘的女子告别的时候,暗自出了大门,来到你们这里,把我亲手安排的计划告诉你们,在你们面前悲叹我内心的痛苦。

　　我把一个少女——我现在认为她不再是少女,而是少妇了——接到家里来,像一个船主接受一件过重的货物,这货物使我内心的安宁遭到破坏。现在我们两人要在一条被毯下等候他来拥抱。这就是赫剌克勒斯——我一向称呼他作忠实的好丈夫——为了我长久看家而给我的报答。他时常染上这种狂热病,我都无心生他的气;但是,同她住在一起,共有一个丈夫——这种事哪一个女人忍受得了呢?我看见她的青春之花正在舒展,我的呢,却在凋谢,人的眼睛都爱看盛开的花朵,对那凋谢的却掉头不顾。因此我担心赫剌克勒斯只在名义上是我的丈夫,实际上却是那少妇的情人。

　　但是,正如我方才说的,一个贤淑的妇人不宜生气。朋友们,我一定告诉你们,我有了个减轻痛苦的方法。我早就保存着一件礼物,是从前的怪兽送给我的,储藏在一只铜壶里,那是我做少女时,从胸毛蓬松的涅索斯那里,在它临死的时候,从它的伤口上取来的;那怪兽为了挣钱,双手运人过欧厄诺斯的激流,不用渡河的桨橹也不用风帆。

当时我父亲打发我上路,我第一次跟随着赫剌克勒斯去,算是他的新娘;涅索斯把我背起来,走到中流,用淫荡的手摸弄我。因此我大叫一声,宙斯的儿子听见了,立即转过身来,射出一支羽箭;那箭飕的一声飞进了它的胸膛,钻进了它的肺腑。那怪兽在发晕的时候,这样对我说:"老俄纽斯的女儿啊,你是我送过河的最后一人,只要你听我的话,我这次送你过河,可以使你得到这样的好处:只要你用手从我伤口上,从那九头蛇,勒耳涅沼泽的毒虫的黑胆现颜色的地方——那支箭是在那蛇胆里浸过的——把血块取一点来,你就可以得到一种药物来迷惑赫剌克勒斯的心,使他不至于看见任何一个女人就爱她胜过爱你。"

朋友们,我方才想起了这件自从那怪兽死后我就好好地收藏在家里的东西;我已经用它来涂抹这件衬袍,凡是那怪兽生前所叮嘱的我都照办。事情已经办妥。但愿我从不知道,从不懂得那种狂妄的罪行,我憎恨那些胆大妄为的女人。只要我能对赫剌克勒斯使用药物和魔法而战胜这女子,我就照计而行,除非看来我是在轻率从事,如果是那样,我就打消。

**歌队长** 只要这办法有一点把握,我们认为你的计划不错。

**得阿涅拉** 有这样的把握,有信心,但是还没有试过。

**歌队长** 要知道就得去做;你以为你知道,不去试验,还是没有把握。

**得阿涅拉** 等不了多久就可以知道;我看见那人已经到门外来了,他就要走了。你们要严守秘密!羞耻的事情,要偷偷地做,才不至于落

## 原文

到丢脸。

利卡斯自屋内上。

**利卡斯** 你有什么吩咐？俄纽斯的女儿啊，快说呀，我已经耽搁得太久了。

**得阿涅拉** 利卡斯，你在屋里同那些女子谈话的时候，我就在为你准备这件东西，好打发你把这件精致的长袍为我带去，这是我亲手织好赠给我丈夫的礼物。

得阿涅拉把匣子从侍女手中接过来交给利卡斯。

你交给他的时候，告诉他，别人不得抢在他前头贴身穿上，在他还没有在那杀牛献祭的日子里很出众地站在大众面前把它拿给众神看看之前，不可让它见阳光、灶火，或是神圣的祭坛。

我曾经这样立誓：只要我看见他平安地回来，或是听见他回来了，我就给他穿上这件衬袍，让他到众神面前做一个穿新衣服的新献祭人。你带去这个印纹作证，他是很容易认识这圈子里的符号的。

你现在去吧，首先要遵守这条规矩：你只是一个使者，别想做分外的事；还有，你这样行事，可以得到他的感谢，再加上我的感谢，就成为双重的谢意。

**利卡斯** 只要我稳重地运用赫耳墨斯的诀窍，我对你的事是不会有什么差错的；我一定把匣子带去，原封不动地交给他，用你吩咐的话来证实这件礼物。

**得阿涅拉** 你现在可以走了；你已经知道了家里的情形。

**利卡斯** 我知道一切平安，我要去告诉他。

**得阿涅拉** 你看见那女子受欢迎，知道我客客气气地接待了她。

**利卡斯** 因此我心里高兴。

**得阿涅拉** 还有什么别的话告诉他呢？只怕在我知道他是否思念我之前，你过早地把我的思念之情泄漏给他。

利卡斯自观众左方下，

得阿涅拉偕侍女进屋。

## 七　第三场

得阿涅拉自屋内上。

**得阿涅拉** 姑娘们啊，我很担心我方才做的事太不慎重了！

**歌队长** 得阿涅拉，俄纽斯的女儿啊，这是怎么回事？

**得阿涅拉** 我也不知道，可是我害怕人们很快就发现我做了一件很大的坏事，是那美好的希望引诱我做的。

**歌队长** 不会是关于你送给赫剌克勒斯的礼物的事吧？

**得阿涅拉** 正是这事呀；因此我劝人对一件没把握的事不可过于热心。

**歌队长** 告诉我，如果可以的话，你为什么害怕？

**得阿涅拉** 发生了这样一件事，姑娘们啊，要是我讲出来，你们就会听见一件意想不到的怪事。

我方才用来在祭服上涂抹药膏的用具，从毛色很美的羊身上扯下来的一团白毛，已经不见了，不是被屋里什么东西吞没了，而是它自己吃掉，自己毁灭，在石地上化为乌有。我要详细说明，使你知道事情的全部经过。

那怪兽马人在它胁部被尖锐的倒钩刺痛了时叮嘱我的话，我一点也没有忘记，我把它记下来，像刀刻的字句一样再也不能从铜板上洗刷掉。这就是它的叮嘱——我已经照办了：这药物，在我用来涂抹之前，要保存在角落里，永远不得见火，不得接近灼热的阳光。我就是这样办的。方才，行动的时机到了，我从家里自己的羊

## 原文

　　身上扯下一团羊毛，用来在内室里偷偷地涂抹；然后把那件礼物折叠起来，不让它见阳光，把它装进那中空的匣子，那是你们见过的。

　　但是我方才进去，看见了一个无法形容的现象，不是凡人的智力所能理解的。我无意间把那团用来涂抹药物的羊毛扔在热力下，扔在太阳光里；它一变热，就融化了，在地面上粉碎了。它就是这样落在那被扔的地方。从它躺着的地上，冒出一些凝结在一起的泡沫，就像从酒神的藤上摘下的葡萄的紫色果汁浇在地上一样。

　　因此，哎呀，我不知想什么办法好；看来我是做了一件可怕的事。那将死的怪兽为什么，为报答什么，会对我——它原是为了我的缘故而死的——表示好意呢？那是不可能的！它不过是在欺骗我，想害死那射杀它的人。只恨我知道得太晚了，已经无法挽救。哎呀，我会害死他，除非我的看法是错误的。我知道，那射出去的箭，甚至对刻戎那天神也是致命的；一切野兽，叫它射中了，都会送命的。那来自涅索斯伤口的黑色血毒，怎么不会害死我的丈夫呢？依我看，一定会害死的。

　　我已经下了决心，万一他倒下了，我也要和他同归于尽；因为一个重视自己善良天性的女人，对于不名誉的生活是难以忍受的。

**歌队长**　可怕的事应当畏惧，可是也不必事先绝望。

**得阿涅拉**　计划不妙，不会产生令人鼓舞的希望的。

**歌队长**　无心的过失所引起的愤怒是很温和的，你将遭遇的也该是这样的愤怒啊！

**得阿涅拉**　家里没有忧患的人可以说这样的话，但是一个人做了坏事，就不能这样说了。

**歌队长**　其余的话最好别说了，除非你有什么事情要告诉你儿子，这个前去寻找父亲的人现在回来了。

许罗斯自观众左方上。

**许罗斯** 母亲,这三个愿望,由我选择:愿你不再活着,或者活着被称为别人的母亲,或者从什么地方换一颗比现在这颗更善良的心。

**得阿涅拉** 儿啊,我有什么过错惹得你憎恨?

**许罗斯** 告诉你,你今天害死了你的丈夫,我是说我的父亲。

**得阿涅拉** 哎呀,儿啊,你传来的是什么消息呀?

**许罗斯** 这消息不能不是真的;事情已经发生了,谁能把它抹杀掉呢?

**得阿涅拉** 儿啊,你说什么?这是你从什么人那里打听来的,说我做过这可恨的事?

**许罗斯** 我亲眼看见我父亲的沉重的灾难,不是听别人说的。

**得阿涅拉** 你在哪里遇见他,和他在一起?

**许罗斯** 你一定要听,我就全盘讲出来。

他毁灭了欧律托斯的著名都城,然后带着战利品和掠获物离开那里。欧玻亚有一个两面临海的海角,叫做刻奈翁,他在那里为他父亲宙斯划出一个祭坛,并且在圣地上划出一个果园。我首先在那里看见他,我对他的思念之情使我感到兴奋。

他要举行百牲大祭,这时候他的使者利卡斯便带着你的礼物——一件致命的长袍,从家里赶到;他依照你的叮嘱把它穿在身上;然后杀了十二头纯色的公牛——他精选的掠获物;他一共献上了一百头各种各样的牲畜。

起初,那不幸的人很喜欢那件漂亮的长袍,从从容容地祷告。但是,等血养成的火焰在神圣的牺牲和多树脂的松柴上燃烧起来的时候,他皮肤上便冒出了汗珠,那衬袍紧贴在他的胸旁,粘住每个关节,像一个工匠贴上去的一样;他痒痛得连骨头都抖战起来,那毒物,像那致命的恶毒蝮蛇一样,开始咬他。

## 原文

一

他于是大声呼唤那不幸的利卡斯——那人对你的罪过不能负责——问他在耍什么诡计,带来这件长袍。那可怜的人一概茫然,只说那是你一人送的礼物,原封未动。他听了这话,一种酸痛的痉挛震动了他的肺腑;他抓住那人的脚,正是踝骨转动的地方,把他扔到四面波涛汹涌的石头上;他的脑袋从中破裂,白色的脑髓便从他的头发中间溅了出来,还有血,也溅了出来。

大家看见他们一个发疯了,一个摔死了,都发出悲哀的呼声;可没有人敢走到他面前,因为他痛得时而倒在地下,时而跳进空中,呻吟,呼号;那周围的岩石、罗克里斯悬崖和欧玻亚海角都发出了回声。

这可怜的人多少次摔在地下,多少次大声号哭,咒骂你这坏人同他错配了姻缘,咒骂俄纽斯同他联了婚姻,害得他性命不保;等他疲倦了,他便在缭绕的香烟中举目斜视,看见我在人丛中流泪,他就望着我呼唤:"儿啊,上前来,不要躲避我的灾难,即使你必须和临死的我死在一起也不要躲避;快把我弄走,最好是放在那没人看见的地方;若是你不忍心,也得赶快把我送出这地方,别让我死在这里。"

他既这样吩咐,我们就把他放在船中央,他在痉挛中呼号,好容易才把他运到这边岸上。一会儿你就可以看见他,不是还活着,就是刚刚断气。

母亲,这就是你对我父亲下的毒手,做的好事,你已经被发觉了,但愿惩戒之神狄刻和报仇神为这事惩罚你!只要合法合理,我就这样祷告;这本来是合法合理的,因为我看见你违背法律,把世间最好的人杀害了,你再也看不见另一个这样的人了。

得阿涅拉慢慢进屋。

**歌队长** 你为什么一句话不说就走了？难道你不知道，你这样默默无言，反而支持了你的控诉人？

**许罗斯** 让她去吧。但愿一阵顺风送她远去，使她离开我的眼界！她做事全不像个母亲，又何必白白享受母亲这尊称呢？不，让她去吧，同她告别了；但愿她赐给我父亲的快乐也归她自己享受。

许罗斯进屋。

## 九　第四场

女仆自屋内上。

**女仆** 孩子们啊，那送给赫剌克勒斯的礼物使我们闯了大祸！

**歌队长** 老人家，你要诉说什么新的灾难？

**女仆** 得阿涅拉寸步不移，就走完了她旅行的最后一程。

**歌队长** 该不是说她已经死了？

**女仆** 整个事情你都听见了。

**歌队长** 那不幸的女人已经死了吗？

**女仆** 你已经听见两遍了。

**歌队** （哀歌）哎呀，她完了！告诉我们，她是怎样死的？

**女仆** 她的死法残忍极了！

**歌队** 老人家！告诉我们，她碰上了什么命运？

**女仆** 自杀而死的。

**歌队** 什么情感的冲动，什么疯狂的心理借那致命的刀锋结果了她的性命？她是怎样计划随别人的死亡而死的——这都是她一手造成的吗？

**女仆** 借那使人呻吟的剑杀死的。

**歌队** 啊，你这人吓糊涂了，你亲眼看见那凶杀吗？

## 原文

**女仆** 我亲眼看见;我就站在她的身旁。

**歌队** 什么样的凶杀？怎样杀的？喂,快说呀！

**女仆** 那是出于她的本意,她亲手杀的。

**歌队** 你说什么？

**女仆** 我说的是真实情形。

**歌队** 这新娘为这个家生了,生了一个强大的报仇者！(哀歌完)

**女仆** 一个十分强大的报仇者！如果你在旁边看见她的举动,你一定更可怜她。

**歌队长** 一个女人的手做得出这样的事吗？

**女仆** 可怕呀！你听了可以为我作证。

她独自进屋,看见她儿子在院中铺一个中空的异床,准备折回去迎接他父亲,她就躲在那没人看见的地方,倒在祭坛前,大声悲叹那些祭坛会从此冷落;当她抚摸着任何一件她从前使用过的器具时,那可怜的人就哭起来;她在家里转来转去,遇见任何一个心爱的仆人时,她这不幸的人就见景生情,又痛哭起来。她悲叹她自己的命运和她家财的命运,那些东西日后会落到别人手里。

后来她停止了哭泣,我看见她突然冲进赫剌克勒斯的卧室。我躲在一旁偷看,看见我们的主母把被单铺在赫剌克勒斯的床上。她铺好了就跳上去,坐在床上,流着两行热泪说道:"我的婚床和新房啊,从此永别了,你们再也不会把我接到床上来睡眠了。"她说完这话,就用那紧张的手解了她的长袍,解了胸前别着的金针,把整个左肋和胳膊露了出来。这时我赶快跑去把她的意图告诉她的儿子。后来我们发现,在我来回的时间内,她已经把那双刃剑刺进了肋部,刺中了心脏。

她儿子一看就大声痛哭;因为他明白了,哎呀,是他的愤怒把

# 原文

她逼死的;他更从家里的仆人嘴里得知——可惜太晚了——这件事是她在那怪兽的怂恿之下,糊里糊涂做出来的。这时那可怜的孩子连声号啕,为她痛哭,不住地抱着她接吻,倒下去躺在她的身旁,很悲惨地说,是他鲁莽从事,用那恶意的谴责刺伤了她;他悲叹他同时丧失两个亲人——他的父亲和母亲。

这就是这一家的情形;如果有谁算计着两天,或算计着更多的日子,未免太愚蠢了;因为今天还没有平安度过,就谈不到明天。

(罗念生 译)

**注释:**

① 双管在此指乐器,双管乐器因为装有两只相同的主管,可以发出旋律双音。

② 常春藤是酒神狄俄尼索斯的圣物。酒神的信徒们头戴常春藤。本剧歌队中的队员并没有戴这种藤冠,只是分队长想象中把队员们当作头戴常春藤的信徒们。

③ 派安(Paian)是阿波罗的称号,是"医神"的意思。此句是赞美歌的叠句。

# 赏 析

悲剧《特剌喀斯少女》是古希腊悲剧家索福克勒斯的代表作之一。全剧通过主人公的坚定行为和神意的不可动摇,集中体现了希腊古典时期人们对生活有序性的坚定追求。

希腊人认为所有事件都是神意先定的,所以人既不能完全决定自己命运,又因神的干预而有几分神性。在本剧中,赫剌克勒斯战争取胜带回女俘符合当时的习俗惯例,得阿涅拉维护主妇地位也无可非议,冲突双方都具有合理性。然而天大的灾难发生了,不幸遭遇以"神谕"方式从外部落到他们头上。他们对抗的不是他人,不是社会,也不是自然界,而是具有形而

## 赏析

上学神秘色彩的"命运"。这种命运来自神祇的预先注定,无法抗拒。赫剌克勒斯的死亡是神注定了的:"我父亲早就向我预言,说我不会死在活人的手里,而会死在一个居住在冥间的死者手里。因此这肯陶洛斯野兽这样害死我,一个死者害死活人,正如天神所预言的。"得阿涅拉的死亡却是赫剌克勒斯造成的,起因于赫剌克勒斯对家庭伦理和得阿涅拉爱情的背叛。为了挽留住赫剌克勒斯对自己的爱情,得阿涅拉误信怪兽的遗言而把浸过毒血的长袍当作挽救爱情的良方,不料用心良苦与实际效果之间产生严重错位。赫剌克勒斯中毒身亡、许罗斯被逼娶妻、得阿涅拉也被迫自杀,最终导致更加悲惨的结局。赫剌克勒斯之亡逃不过神定的命运,得阿涅拉之死却逃不过赫剌克勒斯定下的命运。

本剧冲突在得阿涅拉误送有毒长袍而导致赫剌克勒斯中毒时达到最高潮。这种情节安排暂且称为"杀夫"模式。这里的"杀夫"并非西方理论中颠覆权威的概念,只是指冲突杀戮在血缘至亲中展开的现象。得阿涅拉引发"杀夫事件",是为自己的尊严、地位面临挑战而采取的行动。得阿涅拉得知赫剌克勒斯有了别的女人感到非常伤心,"现在我们两人要在一条被毯下等候他来拥抱。同她住在一起,共有一个丈夫——这种事哪一个女人忍受得了呢?"于是便用怪兽涅索斯伤口上的血块充作媚药,企图挽回丈夫的爱情。没想到,这媚药竟然成了送命药,反而害死了她深爱的丈夫。自责之余,得阿涅拉想到的只能是死亡。得阿涅拉自杀是出于爱的对象的毁灭所带来的自我求死,是以自我牺牲方式实现的一种救赎。西方文学对世俗爱情的描写,往往与死有关,以悲剧结尾。《特剌喀斯少女》也未能例外,全剧以得阿涅拉引咎自杀、赫剌克勒斯毒发自焚收场。这是主人公命中注定的悲剧。

本剧人物少,且设置规范,可以清楚地分成四类:一是由得阿涅拉、许罗斯、赫剌克勒斯等组成的主要人物群,剧情完全围绕他们展开;二是在他

# 赏析

们周围的女仆和老年人,起交代剧情发展、充当主要人物谈话对手的作用;三是传令官及报信人等,是衔接内外时空、推动情节进展的结构性因素;四是神祇,它们在剧中不时出现,却是隐匿的。本剧情节单纯,线索单一,以得阿涅拉被告知丈夫带回一外邦女子而想用药物挽回丈夫爱情展开,通过开场诗和神祇暗示的结果必然性地在剧中实现,进而展示全剧的整体性。全剧的中心人物是得阿涅拉。前四场剧情都围绕得阿涅拉展开。得阿涅拉因丈夫远出而苦苦思念、忧心忡忡,利卡斯编造谎言骗得得阿涅拉片刻欢乐,报信人揭穿利卡斯的谎言,得阿涅拉为挽救爱情而远送涂有媚药的长袍,赫剌克勒斯中毒后得阿涅拉极度自责选择自杀,等等,都是以得阿涅拉为中心。退场中描写了赫剌克勒斯临死前的愤怒责骂和对后事的安排,这些情节也只是得阿涅拉误杀行为自然而然的后果延伸。

得阿涅拉对丈夫的痛苦思念、对爱情的忠贞守护是索福克勒斯反复抒写的主题。可以看出,诗人对得阿涅拉这个悲剧人物表示了极大的同情。得阿涅拉温柔顺从,懂得世态人情,勇于为自己的行为负责,具有道德和信仰上的坚定性。这正是索福克勒斯心目中的理想女性形象——追求的是神性,体现的却是人的高尚性。

(余贞洁)

# 欧里庇得斯

*Euripides*

# 阿尔刻提斯

| 作品提要 |

斐赖城的国王阿德墨托斯因忘记向神献祭而注定短命,被贬至凡间的阿波罗感激于国王的知遇之恩,遂从命运女神手中救得国王的性命,并与女神们定下留有后患的协议:只要有一个人代替阿德墨托斯到下界去,他便可以逃脱这临头的死亡。国王的父亲、母亲,几乎所有的亲人,都因爱惜自己的生命,拒绝替国王抵命,唯独阿德墨托斯的妻子阿尔刻提斯愿意替死。当死神从王宫掳走阿尔刻提斯的生命,臣民们的悲痛升至极点时,在阿德墨托斯宫中作客宴饮的大力神赫剌克勒斯听说事情原委,遂在王后的坟前伏击了死神,把阿尔刻提斯夺回来,让国王一家团圆。

| 作品选录 |

## 七 第三场

阿尔刻提斯的尸首由众仆人自宫中抬了出来,
阿德墨托斯随上。

**阿德墨托斯** 啊,斐赖城的居民,你们好心好意来到这里,现在一切都准备好了,我的仆人们正抬着这遗体到坟前去,到那土台前去。请你们尊重习惯,对死者道别,她正在前赴那最后的旅程。

**歌队长** 呀,我看见你父亲迈着衰老的脚步前来,他的仆人们还为你的妻子捧来了一些装饰,那是死者所喜欢的礼物。

斐瑞斯偕众仆人自观众右方上。

**斐瑞斯** 儿呀,我同情你的灾难特别跑来,谁都不否认你失去了一个贤淑的妻子；但是你得忍受，不论这事情多么难忍啊！你接受这一点礼物，把它埋在地下：她的遗体也该当受人尊敬，儿呀，她为了救你的性命而死，不至于使我老来孤独，不至于使我失去了你，在愁苦中消磨我的残年。她敢于作出这高贵的行为，使世间妇女的生命显得分外光辉。

永别了，但愿你在地府永远幸福，你曾经拯救了我的儿子，扶起了我这一家快倒下的人。我敢说，像你这样的姻缘倒是对人有益：那其余的都不值得缔结啊！

**阿德墨托斯** 你自己跑来送葬，不是我邀请来的，我认为你出现在这里并不受欢迎。她绝不会戴上你的装饰，也不需要你什么东西，就这样子埋葬。正当我的性命难保时，你倒该替我忧伤！你已经很老了，却只是旁观，让别人，让一个年轻女人来替死，你如今好意思来哀悼这死者？可见你并不真是我的父亲，那自认为她生了我、被称为我的母亲的人，也并不真是我的母亲；我原来是奴隶的血肉，被人偷偷放在你妻子的胸前。你如今来受考验时，倒显出了你是什么，我再也不承认我是你的儿子了。

就怯懦而论，你超过了任何人！你这样老了，已到了生命的尽头，还不愿意，还不敢替你儿子死；你们却让这外邦女人来替死，我该当把她，只把她当作我的父亲和母亲才对。

如果你为自己的儿子死了，你倒算做了这光荣的事情；但是，无论如何，你这残余的生命是很短促的啊！真的，凡是人类所该当享受的幸福，你都享受过了：你壮年时就继承了这王位，如今又有了我这样的儿子做这宫中的继承人，你老死时也不至于没有子嗣，不至于留下一个空虚的朝廷让人劫夺。

你可不能说，你存心让我死去，只因为我不尊重你的高年；实

## 原文

际上我心里十分孝敬你,哪知你和那生我的母亲却这样答谢我这一片好心!快不要耽误了你生儿的时机,好有人给你养老,等你死时,再替你穿上寿衣,把尸体陈列起来。我决不会亲手来埋葬你,对于你,我算是死了。如果我另外遇着一个救命恩人,依然可以看见阳光,我便说,我是他的儿子,是他老年时一个孝顺的奉养人。

那些老年人总想死,抱怨年寿太高了,抱怨生命太长了,那真是假心假意啊!等到死神来到时,可又不愿意死,那长寿对于他们再也不是难堪的了!

**歌队长** 别说了,这眼前的灾难已经够受,国王呀,请不要激怒你父亲的心吧。

**斐瑞斯** 孩子,难道你是在狂妄地责骂你用金钱买来的吕狄亚或是佛律葵亚奴隶吗?难道你不知道我是个忒萨利亚人,是个忒萨利亚父亲所生,生来就是个真正的自由人吗?你太蛮横了,竟向我发出这粗暴的言语,你这样攻击我,可别想轻易就逃掉了!

我只是生你,把你养来做这宫中的主子,可没有替你死的义务,因为我并没有见到过这样的祖传习惯,或是希腊的法律:当父亲的应该替儿子去死。你要自立,不论你快活不快活;凡是你应该从我手里继承的东西,你都得到了,你已统治着这样多的人民,我还要给你留下一块很大的土地,那是我从我父亲那里接过来的。我哪里害过你,夺过你什么东西?

你自己高兴看见阳光,你以为当父亲的就不高兴看见阳光吗?我自然认为,我们在地下住的年月是最长久的,生活期间是短促的,可是生活很甜蜜啊!

你也曾厚着脸皮求不死,你害死了她,躲过了那注定的命运,才能够活着。你说我太怯懦了吗?你这坏东西却远不如你的妻子,她替你死了,替你这漂亮的年轻人死了!你发现了一个很聪明的办法,可以长生不死,只要你劝得动你每个时期内的妻子都替你死;你自己怯懦,却要骂那些不愿替你死的亲人!

请你别说话!你想想,如果你爱惜自己的性命,人家也会爱惜。你再信口伤人,你就要听见许多不冤枉你的辱骂。

**歌队长** 前前后后已经说了这许多。老年人,别再斥责你的儿子了。

**阿德墨托斯** 随你说吧,我的话已说完了。如果你听了我这番真话,心里很难受,你根本就不该对我做错事情。

**斐瑞斯** 如果我替你死了,我的过错更大呢!

**阿德墨托斯** 难道一个年轻人的死同一个年老人的死是一样的吗?

**斐瑞斯** 我们只应该活一条命,不应该活两条。

**阿德墨托斯** 但愿你活得比宙斯更长久!

**斐瑞斯** 又没有人害过你,你竟自咒骂起父母来了?

**阿德墨托斯** 因为我看见你想长生不死呢。

**斐瑞斯** 你不也正是送这尸首去埋葬,代替你自己吗?

**阿德墨托斯** 啊,你这坏人,这正是你怯懦的证据。

**斐瑞斯** 她不是我害死的,你可不能这样说啊。

**阿德墨托斯** 哎呀,但愿你也会来求我帮助。

**斐瑞斯** 多结几次婚,好有更多的女人替你死。

**阿德墨托斯** 这正是你的耻辱——因为你不愿意死。

**斐瑞斯** 太阳神这光亮真可爱啊!

**阿德墨托斯** 你的心眼太坏了,你太没丈夫气了!

**斐瑞斯** 你可别想笑嘻嘻地抬走一个老年人的尸首。

**阿德墨托斯** 等你的寿数尽了时,你一定死得不光荣。

**斐瑞斯** 死后留下什么坏名誉,我倒不在乎。

## 原文

**阿德墨托斯**　哎呀呀,老年人真是厚颜无耻!

**斐瑞斯**　你的妻子倒很有羞耻心,可是你又看出了她很傻!

**阿德墨托斯**　你走开,让我埋葬尸首。

**斐瑞斯**　我这就走;你去埋葬吧,你原是她的凶手,你会遭受她亲戚的惩罚:如果阿卡斯托斯不为他姐姐报这血仇,他就算不得好汉。

斐瑞斯偕众人自观众右方下。

**阿德墨托斯**　去你的,你和你的妻子!你们的儿子虽还活着,你们却孤独地衰老下去,那倒也活该。再不要回到这宫中!假如我得放弃你这祖传的宫殿,那么,我就会叫传令官去宣布。

我们得忍受着眼前的灾难,让我们走吧,去把尸首埋在坟土里。

众仆人抬着尸首自观众左方下,歌队唱着下面的诗随下。

**歌队**　永别了,你这高贵、最贤淑的女人啊!正因为你太勇敢了,才落得这样不幸!但愿冥王和下界的赫耳墨斯慈祥地接待你;如果那些善良的人在那里享受什么优遇,愿你也在冥后身旁永远享受。

仆人自宫中上。

**仆人**　我曾见过那许多从各方来到阿德墨托斯宫中的客人,伺候过他们宴饮;可还没有接待过比这个更不要脸面的客人进入这宫廷。首先,这客人亲眼看见我们的主人在悲伤,他却忍心进门去,进入了那宫中;他一点不客气,接受了我们献上的礼品,虽然他明知道我们的灾难。如果有什么东西我们没有送上,他就催我们去取。他把那用常春藤缠绕着的酒杯双手举起来,倾饮那紫色的葡萄净酒,直到那酒力把他缠住,使他一身发火。他更把桃金娘的枝叶绕在他头上,粗声怪叫。我们听见那两种不同的声音:他不顾阿德墨托斯的灾难,在那里高唱;我们这些仆人却在痛哭我们的主母。可是我们并没有让客人看见这泪湿的眼睛,因为国王这样吩咐过我们。

我还在宫中款待客人,款待一个无赖的小偷或是强盗,王后就已经离开了这里,我不曾跟去,也不曾举手送别、哀悼我的主母,她像是我的、像是全体仆人的母亲:她时常平息国王的愤怒,解除了我们许多痛苦。正当患难中闯来了这客人,我恨他恨得不对吗?

赫剌克勒斯头戴桃金娘花冠自宫中上。

**赫剌克勒斯** 原来在这里,你在想什么心思,做得这样假正经?一个当差的不应该哭丧着脸对待客人,应该高高兴兴来款待。可是你看见主人的好朋友到了这里,却哭丧着脸、皱着眉来款待,关心着一个外人的灾难。

你且过这边来,好变聪明一点。你懂得人生的事理吗?懂得它的本性吗?我想你一定不懂得。你怎么会懂得呢?听我说:死是一种债务,人人都要偿清,可没有谁知道得很准,他来朝还能否生存:命运是不可测的,谁知道它这样运行,我们无法去请教,也不能凭什么巧妙的法术去推测。

你听了这番话,从我这里明白了这道理,你就该寻乐,就该喝酒,只把每天的生命当作你自己的,那其余的全归给命运。你更当崇拜爱神,她是这人间最可爱的神,她的心情也最是温柔。快把那些旁的思想撇开,听从我的话,假如你以为我说得很对,——我想是很对的。你还不放下这过度的悲哀,忘掉这眼前的灾难,戴上花冠,同我喝一点酒?我知道得很清楚,这杯中的酒流出来,会改变你现在忧郁惆怅的心情。我们既是凡人,就得做凡人的梦想。若是让我来评判,那些正正经经和愁眉不展的人所过的生活,真不是生活,那简直是苦难啊!

## 原文

一

赫剌克勒斯举杯敬仆人,被谢绝。

**仆人** 这些事情我都很明白,只是我们眼前的情况不宜于宴乐与欢笑。

**赫剌克勒斯** 那死去的女子是一个外人,你不必过分悲伤;这宫中的主人们全都健在。

**仆人** 怎么说全都健在呢?你简直不知道这宫中的灾难。

**赫剌克勒斯** 除非你的主人骗了我什么。

**仆人** 他太、太客气了。

**赫剌克勒斯** 只因为一个外邦人死了,我就不该好好地受款待吗?

**仆人** 她倒是一个很亲近、很亲近的人。

**赫剌克勒斯** 难道他有什么不愿告诉我的灾难吗?

**仆人** 你去吧,愿你有福;我们要关心我们主人的灾难。

**赫剌克勒斯** 你这话开始说出了,这不是一个外人的灾难。

**仆人** 要不然,我看见你宴饮,就不会太烦恼。

**赫剌克勒斯** 我这东道主竟这样错待了我吗?

**仆人** 你来到这宫中要人款待,可来得不凑巧;我们正在悲伤,你看我们剪了头发,穿上了黑衣裳。

**赫剌克勒斯** 那死去的是什么人?到底是他的女儿,还是他的老父亲死了?

**仆人** 都不是,客人呀,那死去的是阿德墨托斯的妻子!

**赫剌克勒斯** 你说什么?到了这时候,你们还款待我!

**仆人** 只因为他不好意思把你送出宫门。

**赫剌克勒斯** 不幸的人呀,你失去了一个多么好的妻子啊!

**仆人** 不仅是她,我们都完了!

**赫剌克勒斯** 我看见他的容貌,看见他剪了头发,眼中滴泪,我已觉察出来了。可是他骗了我,说他在送一个外邦女子去埋葬。因此我违反我的意思，踱进了这宫门，在这个好客的主人家里畅饮，哪知他正处在这样的情况中。我不是头上戴着花冠，在这里取乐吗？这宫廷遭遇着这样大的灾难，你竟自不告诉我，这是你的错！她到哪里埋葬去了？我要在什么地方才遇得见她？

**仆人** 靠近那直通拉里萨的道路上，你可以看见那郊外有一个磨光了的石头造的坟墓。

*仆人进宫。赫剌克勒斯把花冠折下来，扔在地下。*

**赫剌克勒斯** （自语）我这颗很勇敢的心，很勇敢的灵魂呀，你现在要表示你是厄勒克特律翁的女儿阿尔克墨涅——那提任斯女人——替宙斯生下的多么高贵的儿子啊！

我要去拯救阿尔刻提斯，那刚才死去的女人，把她重新放在这宫中，报答阿德墨托斯的恩惠。我要去等候那穿着黑袍的死神，那阴魂当中的王子，我想我可以遇见他在坟旁吸饮那血浆，我就在那里埋伏着，从我藏身的地方跳下去把他擒住，用我这两只手抱住他，弄得他双肋痛苦难当，可没有谁救得了他，直到他给我放了那女人。

万一我没有擒住他，万一他没有到那里去吸饮那血浆，那我就去到那冥王和冥后的幽暗宫中，向他们请求；我相信，我可以把阿尔刻提斯引上来，把她交到我的东道主手里。他虽然受了很重的灾难打击，却还把事情隐瞒起来，这高贵的人敬重我，把我接进宫中，不忍心撵我走。哪一个忒萨利亚人，或是哪一个居住在希腊的人比他更好客呢？谁也不能说，国王自己这样高贵，他所厚待的却是个忘恩负义的客人。

*赫剌克勒斯进宫。阿德墨托斯偕众仆人和歌队自观众左方上。*

**阿德墨托斯** 哦，哦，这可恨的归来啊，这丧妻的宫殿令人看了真厌恶！

## 原文

哎呀,我到哪里去,到哪里停留呢?说话好,还是不说话好呢?但愿我死了好!真的,自从我母亲生下我来,我就不幸。我羡慕那些死者,我想念他们,愿意长住在死者的家里!我如今没有心看见阳光,或是在地面上来来往往:死神已夺去了那可爱的人质,把她交给冥王去了。

**歌队** (哀歌第一曲首节)前进呀前进,进到宫廷深处去吧!

**阿德墨托斯** 唉,唉!

**歌队** 你经受了这灾难,当然要悲哀。

**阿德墨托斯** 啊,啊!

**歌队** 我很知道你经受了这痛苦。

**阿德墨托斯** 哎呀!

**歌队** 这对那下界的死者可没有什么好处啊!

**阿德墨托斯** 哦,哦!

**歌队** 你再也不能和你那可爱的妻子照面了……这真是悲惨啊!

**阿德墨托斯** 你提起这事情伤了我的心!除了丧失一个忠诚的妻子之外,我们男人还有什么更大的不幸呢?但愿我从没有结过婚,从没有同她住在这宫中!我倒羡慕那些没有妻子儿女的单身汉,因为他们只是一个人,为自己的生命感觉痛苦,倒还可以令人忍受。但是,一个原可以不结婚、不生育过一世的人,看见自己的儿女染了疾病,看见自己的婚床叫死神毁了,那才难受呢!

**歌队** (第一曲次节)那命运,那难以抵抗的命运,已经来到了。

**阿德墨托斯** 唉,唉!

**歌队** 你的悲哀是没有止境的。

**阿德墨托斯** 啊,啊!

**歌队** 那真是沉重啊,可是你还得忍受!

# 原文

**阿德墨托斯** 哎哟！

**歌队** 你并不是第一个丧失了妻子的人。

**阿德墨托斯** 哦，哦！

**歌队** 那灾难出现时，它用各样的方法压迫着各样的人。

**阿德墨托斯** 这长久的悲伤，这为下界的亲人所发出的哀痛啊！（向仆人）你为什么挡住我跳进那坟墓的空处，挡住我同她，同那最贤淑的女人死后躺在一起呢？那么，冥王可以同时抓住两条——不只是一条——最忠实的灵魂，让他们一同渡过那冥间的湖水。

**歌队** （第二曲首节）我有个亲戚，他家里死了一个儿子，一个很值得哀痛的儿子，他虽然绝了后，却还很恬情地忍受着那灾难；他如今到了高龄，鬓发已白了。

**阿德墨托斯** 这宫廷啊，我怎样进去呢？我的命运已变坏了，怎能够再住在这里面呢？哎呀，这真是多么大的分别：我先前点着珀利翁的松木火炬，在婚歌声里携着我那亲爱的妻子进入宫门，于是那欢呼的行列跟着进来，祝福新郎新妇——她现在死了——说我们双方门第很尊贵，说我们两人品格很高尚，真是好姻缘；但如今，那婚歌换成了悲哀，洁白的衣裳换成了黑色的丧服，就这样把我送到那空床上去。

**歌队** （第二曲次节）这悲哀来到你身边时，你正当好运，从没有受过痛苦；可是你到底救起了你的性命与灵魂。你的妻子却死去了，抛弃了她的爱情。这有什么奇怪呢，死神曾分离过多少对夫妻！（本节完）

**阿德墨托斯** 朋友们，我认为我妻子的命运比我好得多，虽然看来并不如此。因为苦痛再也不会落到她的身上，她已光荣地解脱了这许多困苦。至于我自己呢——我本来就不该活着——虽然躲过了那

# 原文

注定的命运,却要度着这愁苦的生活。到现在我才明白了。

我怎能够忍心进入这宫门?我向谁打招呼?有谁来问候我?我进到里面去有什么快乐呢?我究竟到哪里去呢?那里面的凄凉和寂寞会把我赶了出来,每当我看见我妻子的空床和她常坐的椅子,那宫中的地面铺上了灰尘;每当我的孩子们跑在我膝前哭唤亲娘,那些臣仆也悲叹这宫中失去了一个多么好的主母。

这便是这宫中的景象。至于那外面的,忒萨利亚人的婚筵和妇女的盛会,更使我难堪,因为我不忍心去见我妻子的侣伴。

我的仇人遇见我的时候,会这样评论我:"请看他耻辱地活下来,他不敢死,只好怯懦地献上他的妻子,逃避了死亡:他像个男子汉吗?他自己都不愿意死,反而怨恨他的父母。"除了那些灾难外,我还会得到这样的坏名誉。朋友们,我的命运坏,名誉也坏,这样活下去,到底有什么光荣呢?

## 八 第三合唱歌

**歌队** (第一曲首节)我曾在诗歌里向上飞翔,也曾在许多誓言里竭力搜寻,可不曾发现什么东西比定数更强,就是那歌声嘹亮的俄耳甫斯在特剌刻的木板上所记下的药方,或是阿波罗传给阿斯克勒庇俄斯的子孙来疗治人间病痛的医药也胜不过它。

(第一曲次节)没有人敢到这女神,这唯一的女神的祭台前或是神像前去,她不肯听人献祭。可畏的神呀,请不要在我的一生里来得比现在更凶猛!凡是宙斯所首肯的,他都借重你施行。甚至卡吕柏斯的铁矿石也被你强行熔化了,你那严峻的心一点也不留情。

(第二曲首节)阿德墨托斯,这女神已经把你抓在她那难逃的

## 原文

手掌里,你得忍受,只是痛哭救不回那地下的死者。甚至神们私恋所生的儿子们也毁灭在死亡里。她先前和我们同在时,是一个很可敬爱的人物,她如今就是死了,依然令我们敬爱。你曾把这人间最高贵的妻子娶到了你的床上。

(第二曲次节)别把你妻子的坟墓只当作一个死者的土堆,要让它像神一样受人尊敬,受过客称赞。那绕道上前的客人会向她致敬,说出这样的话:"这女人为她丈夫死去,她如今倒是个快乐的神仙。祝福你,王后,请你保佑我吧!"

(罗念生 译)

## 赏析

公元前438年,欧里庇得斯47岁左右,《阿尔刻提斯》上演,得次等奖。这部戏剧取材于古希腊神话,人神一起登台,在对话与争辩中闪现着作者对爱情、荣誉和生命等问题的思考。

阿尔刻提斯是斐赖城的国王阿德墨托斯的妻子。他们一家原本过着幸福的生活,但阿德墨托斯因怠慢神灵而即将遭遇死亡之灾,为国王牧羊的太阳神阿波罗向命运女神求情,命运女神答应可以救下国王,但是必须找一个人替死。阿德墨托斯年迈的父亲斐瑞斯和上了年纪的母亲都不愿意替儿子去死,只有他的妻子阿尔刻提斯愿意为丈夫牺牲自己。国王的朋友赫剌克勒斯路过斐赖城,国王盛情款待他,并向他隐瞒了王后过世的事。赫剌克勒斯通过王后的仆人知道此事后,勇敢地与死神决战,抢回王后,使国王一家团圆。但大团圆的结局并不影响本剧整体上的悲剧感。

阿尔刻提斯身上没有邪恶,没有残忍,没有报复,她身上只有爱,只有牺牲和奉献。她出于对丈夫的爱,考虑到丈夫对国家的责任,勇敢地选择

## 赏析

了死亡。她对丈夫说："你的生命比我的宝贵，因此我愿意为你去死。要是没有你，我也不愿活下去。"只是身为母亲，她担心孩子遭受后母的虐待，叮嘱丈夫不要再娶。在古希腊，一个男人的生命远重于千万个女人的生命，更何况一个贤良的国王。在公元前5世纪的雅典城，人们普遍藐视老年人，认为衰老是一种纯然的不幸。因此也就可以理解阿德墨托斯为何理直气壮地指责父亲"这样老了，已到了生命的尽头，还不愿意，还不敢替儿子死"。但不能不说阿德墨托斯是个自私的人，不管他有多么冠冕堂皇的理由，不管他多么痛苦，不管他在妻子死后多么想念她，所有这一切都不能掩盖他的自私自利。他没有权力剥夺别人的生命，让妻子代他去死，也没有理由斥责年迈的父母。因为生命对每个人来说都是美好的，尽管很短暂，谁"都高兴看见阳光"。而且正如他的父亲所言："我只是生你，把你养来做这宫中的主子，可没有替你死的义务，因为我并没有见过这样的祖传习惯，或是希腊的法律：当父亲的应该替儿子去死。"诗人将阿德墨托斯放置在戏剧矛盾的中心，有其特殊的用意。争论和冲突在他身上发生，于是在对峙中正义与邪恶也渐渐地显露于观众的眼前。阿德墨托斯的处境很尴尬，他踩着妻子的尸体活命，连他的父亲都谴责他"厚着脸皮求不死"，"躲过了那注定的命运，才能够活着"。

　　从剧本中我们无法读到欧里庇得斯的直接立场。他常常隐藏自己的观点，只把问题摆出来，而让剧中的角色分别站在自己的立场申辩并口伐对方。歌队长先对阿德墨托斯说："别说了，这眼前的灾难已经够受，国王呀，请不要激怒你父亲的心吧。"接下来，又对斐瑞斯说："前前后后已经说了这许多。老年人，别再斥责你的儿子了。"作为置身冲突之外的第三方，歌队长并没有明显的偏向，可见争论的结果并不是戏剧的重点，而是争论中展现出来的生活的荒诞。古希腊的命运悲剧到了欧里庇得斯时代，由于受到雅典知识界关于自然和法律问题讨论的影响，加深了对神的怀疑。在戏剧中，人的受难并非因为自己的过错或家庭的罪孽，而往往缘于神的自私和随心所欲。在本剧中，如果阿德墨托斯没有得罪神祇，妻子也不必替他死，父子也不会反目，他也不用背着怕死的罪名。

在欧里庇得斯的戏剧中，人已经不再被动地接受命运之神的安排，而是勇敢地反抗神的压迫。赫剌克勒斯是希腊神话中最伟大的英雄，他有真性情，也有正义感，从不害怕邪恶的神祇。他神勇无比，完成了十二项英雄伟绩，被升为武仙座。此外，他还帮助伊阿宋觅取金羊毛，解救了普罗米修斯。为了朋友，他可以出生入死。本剧中，他知道真相后，毅然决定帮助阿德墨托斯，把阿尔刻提斯从死神的手上拯救出来。正如剧中所言，"赫剌克勒斯就像是一个善心的恩人，去到那幽暗的地府里，从死神的掌握中夺取那太阳西沉时逝去的黄昏，把她带到晨光里"。

历代神话一般只说神事，但欧里庇得斯却在此剧中浓墨重彩地刻画了一个平凡却伟大的女性。阿尔刻提斯甘心为丈夫抛弃生命，这种牺牲是崇高的，伟大的，光彩夺目的。这是母性的升华，是人世间无与伦比的。

（梁建东　丁巧瑞）

# 美狄亚

## 作品提要

伊阿宋在取金羊毛的过程中，遇到了无法克服的困难。科尔基斯国王埃特斯的女儿美狄亚爱上了伊阿宋，用巫术帮助他取得了金羊毛。随后美狄亚背叛了祖国，与伊阿宋私奔。回到希腊的伊阿宋获悉其父埃宋已被篡位者佩利阿斯所害，便请美狄亚助他复仇。美狄亚设计使佩利阿斯死于非命。伊阿宋和美狄亚也因此而遭到放逐，来到科任托斯，过了几年幸福的

## 原文

生活,还生了两个儿子。然而,伊阿宋这时却贪图财富权势,见利忘义,决心娶科任托斯国王克瑞翁的女儿格劳克,抛弃美狄亚。国王克瑞翁下令要将美狄亚和她的两个儿子驱逐出境,美狄亚在孤立无援中决定复仇。她先求伊阿宋设法留下她的两个儿子,又让二子给新娘格劳克送去金冠和长袍,金冠长袍化作烈火烧死了格劳克和前去相救的克瑞翁。随后美狄亚又杀死自己的两个儿子以绝伊阿宋之后。伊阿宋赶到时,美狄亚带着两个儿子的尸体乘太阳神赫利奥斯送的龙车腾空而起,预言了伊阿宋今后的不幸生活。

| 作品选录 |

## 三　第一场

美狄亚偕保姆自屋内上。

**美狄亚**　啊,你们科任托斯妇女,我害怕你们见怪,已从屋里出来了。我知道,有许多人因为态度好像很傲慢,就得到了恶意和冷淡的骂名,他们当中有一些倒也出来跟大家见面,可是一般人的眼光不可靠,他们没有看清楚一个人的内心,便对那人的外表发生反感,其实那人对他们并没有什么恶意呢;还有许多则是因为他们安安静静呆在家里。一个外邦人应同本地人亲密来往;我可不赞成那种本地人,他们只求个人的享乐,不懂得社交礼貌,很惹人讨厌。

但是,朋友们,我碰见了一件意外的事,精神上受到了很大的打击。我已经完了,我宁愿死掉,这生命已没有一点乐趣。我那丈夫,我一生的幸福所倚靠的丈夫,已变成这人间最恶的人!

在一切有理智、有灵性的生物当中,我们女人算是最不幸的。首先,我们得用重金争购一个丈夫,他反会变成我们的主人;但是,

# 原文

如果不去购买丈夫，那又是更可悲的事。而最重要的后果还要看我们得到的，是一个好丈夫，还是一个坏家伙。因为离婚对于我们女人是不名誉的事，我们又不能把我们的丈夫轰出去。一个在家里什么都不懂的女子，走进一种新的习惯和风俗里面，得变作一个先知，知道怎样驾驭她的丈夫。如果这事做得很成功，我们的丈夫接受婚姻的羁绊，那么，我们的生活便是可羡的；要不然，我们还是死了好。

一个男人同家里的人住得腻烦了，可以到外面去散散他心里的郁积，[不是找朋友，就是找玩耍的人；]① 可是我们女人就只能靠着一个人。他们男人反说我们安处在家中，全然没有生命危险；他们却要拿着长矛上阵：这说法真是荒谬。我宁愿提着盾牌打三次仗，也不愿生一次孩子。

可是这同样的话，不能应用在你们身上：这是你们的城邦、你们的家乡，你们有丰富的生活，有朋友来往；我却孤孤单单在此流落，那家伙把我从外地抢来，又这样将我虐待，我没有母亲、弟兄、亲戚，不能逃出这灾难，到别处去停泊。

我只求你们这样帮助我：要是我想出了什么方法、计策去向我的丈夫，向那嫁女的国王和新婚的公主报复冤仇，请替我保守秘密。女人总是什么都害怕，走上战场，看见刀兵，总是心惊胆战；可是受了丈夫欺负的时候，就没有别的心比她更毒辣！

**歌队长** 美狄亚，我会替你保守秘密，因为你向你丈夫报复很有理由；难怪你这样悲叹你的命运！

我看见克瑞翁，这地方的国主，来了，来宣布什么新的命令！

克瑞翁偕众侍从自观众右方上。

**克瑞翁** 你这面容愁惨，对着丈夫发怒的美狄亚，我命令你带着你两个

## 原文

　　儿子离开这地方,出外流亡! 不许你拖延,因为我要在这里执行我的命令,不把你驱逐出境,我决不回家。

**美狄亚**　哎呀,我这不幸的人完了! 我的仇人把帆索完全放松了,又没有一个容易上陆的海岸好逃避这灾难。但是,尽管他这样残忍地虐待我,我总还要问问他。

　　克瑞翁,你为什么要把我从这地方驱逐出去?

**克瑞翁**　我不必隐瞒我的理由:我是害怕你陷害我的女儿,害得无法挽救。有许多事情引起我这种恐惧心理,因为你天生很聪明,懂得许多法术,并且你被丈夫抛弃后,非常气愤;此外,我还听人传报,说你想要威胁嫁女的国王、结婚的王子和出嫁的公主,想要做出什么可怕的事来,因此我得预先防备。啊,女人,我宁可现在遭到你仇恨,免得叫你软化了,到后来,懊悔不及。

**美狄亚**　哎呀,克瑞翁啊,声名这东西曾经发生过好些坏影响,害得我不浅,这已不是第一次害我,而是好多次了。一个有头脑的人切不可把他的子女教养成"太聪明的人",因为"太聪明的人"除了得到无用的骂名外,还会惹本地人嫉妒:假如你献出什么新学说,那些愚蠢的人就会觉得你的话太不实用,你这人太不聪明;但是,如果有人说你比那些假学究还要高明,他们又会认为你是这城里最可恶的人。

　　我自己也遭受到这样的命运:有的人嫉妒我聪明,有的人相反,又说我不够聪明。(向克瑞翁)你也就是因为我聪明而惧怕我。你该没有受过我什么陷害吧? 我并没有那样存心,克瑞翁,你不必惧怕我。你为什么要这样虐待我呢? 你依照自己的心愿,把你的女儿嫁给他,我承认这事情你做得很慎重。我只是怨恨我的丈夫,并不嫉妒你们幸福。快去完成这婚事,欢乐欢乐吧! 让我依然住在这地方，我自会默默地忍受这点委屈，服从强者的命令的。

**克瑞翁** 你的话听来很温和，可是我总害怕，害怕你心里怀着什么诡诈。如今我比先前更难以相信你了，因为一个沉默而狡猾的人，比一个急躁的女人或男人还要难以防备。赶快动身吧，不要尽啰唆，我的意志十分坚定，我明知你在恨我，你也没有方法可以留在这里。

**美狄亚** 不，我凭你的膝头和你新婚的女儿恳求你。

**克瑞翁** 你白费唇舌，绝对劝不动我。

**美狄亚** 你真要把我驱逐出去，不重视我的请求吗？

**克瑞翁** 因为我爱你，远不如我爱我家里的人。

**美狄亚** （自语）啊，我的祖国呀，我现在十分想念你！

**克瑞翁** 除了我的儿女外，我最爱我的祖国。

**美狄亚** 唉，爱情真是人间莫大的祸害！

**克瑞翁** 我认为那全凭命运安排。

**美狄亚** 啊，宙斯，切不要忘了那造孽的人！

**克瑞翁** 快走吧，蠢东西，免得我麻烦。

**美狄亚** 你麻烦，我不是也麻烦吗？

**克瑞翁** 我的侍从立刻会动武，把你驱逐出去。

**美狄亚** 我求你，克瑞翁，不要这样——

**克瑞翁** 女人，看来你要同我刁难！

**美狄亚** 我一定走，再也不求你让我住在这里了。

**克瑞翁** 那么，为什么这样使劲拖住我？还不赶快放松我的手？

**美狄亚** 让我多住一天，好决定到哪里去：既然孩子的父亲一点也不管，我得替他们找个安身的地方。可怜可怜他们吧，你也是有儿女的父亲。我自己被驱逐出境倒没有什么，我不过是心痛他们也遭

# 原文

受着苦难。

**克瑞翁**　我这心并不残忍,正因为这样,我才做错了很多事情。我现在虽然看出了我的错误,但是,女人,你还是可以得到这许可。可是,我先告诉你:如果来朝重现的太阳光看见你和你的儿子依然在我的国内,那你就活不成了。我这次所说的决不是假话。

克瑞翁偕众侍从自观众右方下。

**歌队长**　哎呀呀!你受了这些苦难真是可怜!你到哪里去呢?你再到异乡作客呢,还是回到你自己家里,回到你自己国内躲避灾难?美狄亚,神明把你带到了这难航的苦海上。

**美狄亚**　事情完全弄糟了——谁能够否认呢?——可是还没有到那个地步呢,先别这么决定。那新婚夫妇和那联婚的人,得首先尝到莫大的痛苦和烦恼呢。你以为我没有什么诡诈,没有什么便宜,就会这样奉承他吗?我才不会同他说话,不会双手攀着他呢!他现在竟愚蠢到这个地步,居然在他能够把我驱逐出去,破坏我的计划时,让我多住一天。就在这一天里面,我可以叫这三个仇人,那父亲、女儿和我自己的丈夫,变作三具尸首。

朋友们,我有许多方法害死他们,却不知先用哪一种好。到底是烧毁他们的新屋呢,还是偷偷走进那陈设着新床的房里,用一把锋利的剑刺进他们的胸膛?可是这方法对我有点不利:万一我抱着这个计划走进他们屋里的时候,被人捉住,那我死了还要遭到仇人的嘲笑呢。最好还是用我最熟悉的简捷办法,用毒药害死他们。

那么,就算他们死了;可是哪个城邦又肯接待我呢?哪个外邦人肯给我一个安全的地方、一个宁静的家来保护我的身子呢?没有这样的人的。因此我得等一会儿,等到有坚固的城楼出现在我面前,我再用这诡计,这暗害的方法,去毒死他们;但是,如果厄运逼着我没有办法,我就只好亲手动刀,把他们杀死。我一定向着勇敢的道路前进,虽然我自己也活不成。

我凭那住在我闺房内壁龛上的赫卡忒,凭这位我最崇拜的、我所选中的、永远扶助我的女神起誓:他们里头决没有一个人能够白白地伤了我的心而不受到报复!我要把他们的婚姻弄得很悲惨,使他们懊悔这婚事,懊悔不该把我驱逐出这地方。

(自语)美狄亚,进行吧!切不要吝惜你所精通的法术,快想出一些诡诈的方法,溜进去做那可怕的事吧!这正是显露你勇气的时机!你本出自那高贵的父亲,出自赫利俄斯,你看你受了什么委屈,你竟被西绪福斯的儿孙在伊阿宋的婚筵上拿来取笑!你知道怎样办;我们生来是女人,好事全不会,但是,做起坏事来却最精明不过。

## 十一　第五场

保傅引两个孩子自观众右方上。

**保傅**　我的主母,你的孩儿不至于被放逐了,那位公主新娘已经很高兴地亲手接受了你的礼物,从此你的儿子可以在宫中平安地住下去啦。

啊!当你的运气好转的时候,你怎么这样惊慌?为什么听了我的话,还不高兴?

**美狄亚**　哎呀!

**保傅**　这和我带来的消息太不协调了!

**美狄亚**　不由我不再叹一声!

**保傅**　是不是我报告了什么不幸的事情,连自己都不知道,反把它弄错了,当作好消息呢?

**美狄亚**　你报告了这样的消息,我并不怪你。

**保傅**　可是你为什么这样垂头丧气,还流着眼泪呢?

## 原文

**美狄亚** 啊,老人家,我要痛哭,因为神明和我都怀着恶意,定下了这条毒计。

**保傅** 你放心,你的儿子会把你迎接回来的。

**美狄亚** 我这不幸的人倒要先把他们带回老家去。

**保傅** 这人间不只你一人才感到母子的别离,你既是凡人,就得忍耐这痛苦。

**美狄亚** 我就这样做吧。你进屋去,为孩子们准备日常用的东西。

保傅进屋。

孩子们呀,孩子们!你们在这里有一个城邦,有一个家,你们永远离开这不幸的我,住在这里,你们会这样成为无母的孤儿。在我还没有享受到你们的孝敬之前,在我还没有看见你们享受幸福,还没有为你们预备婚前的沐浴,为你们迎接新娘,布置婚床,为你们高举火炬之前,我就将被驱逐出去,流落他乡。只因为我的性情太暴烈了,才这样受苦。啊,我的孩儿,我真是白养了你们。白受苦,白费力,白受了生产时的剧痛。我先前——哎呀!——对你们怀着很大的希望,希望你们养老,亲手装殓我的尸首,这都是我们凡人所羡慕的事情;但如今,这种甜蜜的念头完全打消了,因为我失去了你们,就要去过那艰难痛苦的生活;你们也就要去过另一种生活。不能再拿这可爱的眼睛来望着你们的母亲了。唉,唉!我的孩子,你们为什么拿这样的眼睛望着我?为什么向着我最后一笑?哎呀!我怎样办呢?朋友们,我如今看见他们这明亮的眼睛,我的心就软了!我决不能够!我得打消我先前的计划,我得把我的孩儿带出去。为什么要叫他们的父亲受罪,弄得我自己反受到这双倍的痛苦呢?这一定不行,我得打消我的计划。——我到底是怎么的?难道我想饶了我的仇人,反遭受他们的嘲笑吗?我得勇敢一些！我竟自这样脆弱，使我心里发生了这样软弱的思想！

我的孩儿，你们进屋去吧！

两个孩子进屋。

那些认为不应当参加我这祭献的人尽管走开，我决不放松我的手！

（自语）哎呀呀！我的心呀，快不要这样做！可怜的人呀，你放了孩子，饶了他们吧！即使他们不能同你一块儿过活，但是他们毕竟还活在世上，这也好宽慰你啊！——不，凭那些住在下界的报仇神起誓，这一定不行，我不能让我的仇人侮辱我的孩儿！无论如何，他们非死不可！既然要死，我生了他们，就可以把他们杀死。命运既然这样注定了，便无法逃避。

我知道得很清楚，那个公主新娘已经戴上那花冠，死在那袍子里了。我自己既然要走上这最不幸的道路，我就想这样同我的孩子告别：“啊，孩儿呀，快伸出，快伸出你们的右手，让母亲吻一吻！我的孩儿的这样可爱的手、可爱的嘴，这样高贵的形体、高贵的容貌！愿你们享福——可是是在那个地方享福，因为你们在这里所有的幸福已被你们父亲剥夺了。我的孩儿这样甜蜜的吻、这样细嫩的脸、这样芳香的呼吸！分别了，分别了！我不忍再看你们一眼！”——我的痛苦已经制伏了我；我现在才觉得我要做的是一件多么可怕的罪行，我的愤怒已经战胜了我的理智。

**歌队长** 我也曾多少次探索过那更微妙的思想，研究过那更严肃的争辩，那原不是我们女人所能讨论的。我们也有一位文化女神，她同我们做伴，给我们智慧；可是她并不和我们大家做伴，而是和少数人做伴，也许在一大群女人里头，只有一个同她在一起，但由此可见，我们女人并不是完全没有智慧的。我认为那些全然没有经验

## 原文

的人,那些从没有生过孩子的人,倒比那些做母亲的幸福得多,因为那些没有子女的人不懂得养育孩子是苦是乐,可以减少许多烦恼;我看见那些家里养着可爱的孩子的人一生忧愁:愁着怎样把孩子养得好好的,怎样给他们留下一些生活费,此后还不知他们辛辛苦苦养出来的孩子是好是坏。这人间还有一个最大的灾难我也要提提:就说他们的生活十分富裕,孩子们的身体也发育完成,他们为人又好;但是,如果命运这样注定,死神把孩子们的身体带到冥府去,那就完了!神明对我们凡人,在一切痛苦之上,又加上这种丧子的痛苦,这莫大的惨痛,这对他们又有什么好处呢?

**美狄亚** 朋友们,我等候消息已等了许久,我要看那宫中的事情到底是怎样结果的。

看啊,我望见伊阿宋的仆人跑来了,他那喘吁吁的样子,好像他要报告什么很坏的消息。

传报人自观众右方急上。

**传报人** 美狄亚,快逃走呀,快逃走呀!切莫留下一只航海的船,一辆陆行的车子!

**美狄亚** 什么事情发生了,要叫我逃走?

**传报人** 公主死了,她的父亲克瑞翁也叫你的毒药害了!

**美狄亚** 你报告了这最好的消息,从今后你就是我的恩人,我的朋友。

**传报人** 你说什么呀?夫人,我看你害了我们的王室,你听了这消息,不但不惊骇,反而这样高兴,你的神志是不是很清明?该没有错乱吧?

**美狄亚** 我自有理由回答你的话。请不要性急,朋友,告诉我,他们是怎样死的。如果他们死得很悲惨,你便能使我加倍的快乐。

**传报人** 当你那两个儿子随着他们父亲去到公主那里,进入新房的时候,我们这些同情你痛苦的仆人很是高兴,因为那宫中立刻就传遍

## 原文

了消息,说你和你丈夫已经排解了旧日的争吵。有的人吻他们的手,有的人吻他们的金黄的卷发;我自己也乐得忘形,竟随着孩子们进入了那闺中。我们那位现在代替你的地位受人尊敬的主母,在她看见那两个孩子以前,她先向伊阿宋多情地飞了一眼!她随即看见孩子们进去,心里十分憎恶,忙盖上了她的眼睛,掉转了她那变白了的脸面。你的丈夫因此说出了下面的话,来平息那女人的怒气:"请不要对你的亲人发生恶感,快止住你的愤怒,掉过头来,承认你丈夫所承认的亲人。请你接受这礼物,转求你父亲,为了我的缘故,不要把孩子们驱逐出去。"她看见了那两件衣饰,便不能自主,完全答应了她丈夫的请求。当你的孩子和他们的父亲离开那宫廷,还没有走得很远的时候,她便把那件彩色的袍子拿起来穿在身上,更把那金冠戴在卷发上,对着明镜理理她的头发,自己笑她那懒洋洋的形影。她随即从宝座上站了起来,拿她那雪白的脚很娇娆地在房里踱来踱去,十分满意于这两件礼物,并且频频注视那直伸的脚背。

这时候我看见了那可怕的景象,看见她忽然变了颜色,站立不稳,往后面倒去,她的身体不住地发抖,幸亏是倒在那座位上,没有倒在地下。那里有一个老仆人,她认为也许是山神潘,或是一位别的神在发怒,大声地呼唤神灵!等到她看见她嘴里吐白沫,眼里的瞳孔向上翻,皮肤上没有了血色,她便大声痛哭起来,不再像刚才那样叫喊。立刻就有人去到她父亲的宫中,还有人去把新娘的噩耗告诉新郎,全宫中都回响着很沉重的奔跑声音。约莫一个善走的人绕过那六百尺的赛跑场,到达终点的工夫,那可怜的女人便由闭目无声的状态中苏醒过来,发出可怕的呻吟,因为那双重的痛苦正向着她进袭:她头上戴着的金冠冒出了惊人的、毁灭的火焰;那

## 原文

　　精致的袍子，你的孩子献上的礼物，更吞噬了那可怜人的细嫩的肌肤。她被火烧伤，忽然从座位上站起来逃跑，时而这样，时而那样摇动她的头发，想摇落那花冠；可是那金冠越抓越紧，每当她摇动她的头发的时候，那火焰反加倍旺了起来。她终于给厄运克服了，倒在地下，除了她父亲之外，谁都难以认识她，因为她的眼睛已不像样，她的面容也已不像人，血与火一起从她头上流了下来，她的肌肉正像松脂泪似的，一滴滴地叫毒药看不见的嘴唇从她的骨骼间吮了去，这真是个可怕的景象！谁都怕去接触她的尸体，因为她所遭受的痛苦便是个很好的警告。

　　她的父亲——那可怜的人——还不知道这一场祸事。这时候他忽然跑进闺房，跌倒在她的尸体上。他立刻就惊喊起来，双手抱住那尸身，同她接吻，并且这样嚷道："我的可怜的女儿呀！是哪一位神明这样侮辱地害了你？是哪一位神明使我这行将就木的老年人失去了你这女儿？哎呀，我的孩儿，我同你一块儿死吧！"等他止住了这悲痛的呼声，他便想立起那老迈的身体来，哪知竟会粘在那精致的袍子上，就像常春藤的卷须缠在桂树上一样。这简直是一种可怕的角斗：一个想把膝头立起来，一个却紧紧地胶住不放；他每次使劲往上拖，那老朽的肌肉便从他的骨骼上分裂了下来。最后这不幸的人也死了，断了气，因为他再也不能忍受这痛苦了。女儿同老父的尸首躺在一块儿——这样的灾难真叫人流泪！

　　关于你的事，我没有什么可说的，因为你自己知道怎样逃避惩罚。这不是我第一次把人生看作幻影；这人间没有一个幸福的人；有的人财源滚滚，虽然比旁人走运一些，但也不是真正有福。

传报人自观众右方下。

**歌队长**　　看来神明要在今天叫伊阿宋受到许多苦难，在他是咎由自取。

## 原文

**美狄亚** 朋友们,我已经下了决心,马上就去做这件事情:杀掉我的孩子再逃出这地方。我决不耽误时机,决不抛撇我的孩儿,让他们死在更残忍的手里。我的心啊,快坚强起来!为什么还要迟疑,不去做这可怕的、必须做的坏事!啊,我这不幸的手呀,快拿起,拿起宝剑,到你的生涯的痛苦起点上去,不要畏缩,不要想念你的孩子多么可爱,不要想念你怎样生了他们,在这短促的一日之间暂且把他们忘掉,到后来再哀悼他们吧。他们虽是你杀的,你到底也心疼他们!——啊,我真是个苦命的女人!

美狄亚偕众侍女进屋。

(罗念生 译)

**注释:**

① 括号里的一行,原诗不合节奏,也许是假冒的。

## 赏析

悲剧《美狄亚》是欧里庇得斯的代表作。

在欧里庇得斯的悲剧里,美狄亚是一个具有浓厚悲剧色彩的古希腊妇女形象,也是一个女性自我意识觉醒的典范。这种女性自我意识在美狄亚对伊阿宋的报复中得到最充分的体现。她为自己所爱的人,毅然抛弃故乡,杀弟叛父。她离开故乡,随伊阿宋来到科任托斯,成为一个失去庇荫的漂泊者、一个没有家园的人,她不可能再返回原来的文明,又无法真正完全进入伊阿宋所代表的那种新文明之中。从某种意义上讲,为了伊阿宋,美狄亚变得众叛亲离。但她毫无怨言,对她来说,伊阿宋就是她唯一的精神支柱和生活依靠。谁料伊阿宋后来竟然忘恩负义、见异思迁,利欲熏心地抛弃美狄亚,打算另娶科任托斯国王克瑞翁的女儿,并容忍克瑞翁驱逐美

## 赏析

狄亚和他们的儿子。面临伊阿宋的抛弃和克瑞翁国王放逐的双重打击,美狄亚陷入嫉妒、痛苦、绝望之中,几天几夜茶饭不思,痛不欲生。她悔恨当初为了伊阿宋背弃亲人、背弃家乡,失去城邦的保护,"没有娘家作为避难的港湾"。美狄亚为丈夫的背信弃义的行为所激怒,悲剧从此开始。在痛苦的反思中,美狄亚清醒地意识到伊阿宋的无情自私,而社会道德或法律又不对他进行任何惩罚,她不想逆来顺受了。她变得刚强而暴烈,愤怒地控诉伊阿宋的无情无义,谴责他的无耻行径;她化悲痛为力量,转爱情为仇恨,向伊阿宋和所有迫害她的势力进行了疯狂的报复。她变得凶狠和残忍,精心安排了复仇计划,并亲手杀死两个孩子,使伊阿宋既死新妇又绝子嗣,尝尽断肠心碎的痛苦。

"美狄亚杀子"把美狄亚的绝望、觉醒、反抗这一发展过程推向最高潮。超乎常态的"爱"与"恨"是美狄亚性格中最鲜明的特征。在这场戏里,弃妇的恨和慈母的爱在美狄亚内心展开了强烈的斗争,复杂的心理矛盾细腻逼真。作为母亲,美狄亚很爱自己的儿子,想到生养孩子的痛苦和艰辛,想到孩子尚未享受到成年的幸福就要离开人世,想到自己尚未享受到儿子的孝敬就将与儿子永别,她有如万箭穿心,特别是当孩子们用纯洁无邪的眼睛看着她时,美狄亚几乎要打退堂鼓,放弃复仇打算:"哎呀!我怎么办呢?朋友们,我如今看见他们这明亮的眼睛,我的心就软了!我决不能够!我得打消我先前的计划,我得把我的孩儿带出去。"但想到伊阿宋的狂妄、克瑞翁的淫威,她又怒不可遏:"我到底是怎么的?难道我想饶了我的仇人,反遭受他们的嘲笑吗?我得勇敢一些!"然而慈母的爱毕竟使她舍不得孩子:"哎呀呀,我的心呀,快不要这样做!可怜的人呀,你放了孩子,饶了他们吧!"她的内心反复斗争,几次母爱战胜复仇之心,软化了,但又几次坚强起来,认定:"无论如何,他们非死不可!既然要死,我生了他们,就可以把他们杀死。命运既然这样注定了,便无法逃避。"最后,愤怒战胜了理智。为使伊阿宋断绝子

## 赏析

嗣,永远痛苦,美狄亚做下了骇人听闻的事。而杀子的结果,又使她感受到双倍的痛苦和不幸,在惩罚他人的同时,也毁灭了自己的幸福。

美狄亚的悲剧,是时代和社会造成的悲剧。美狄亚被欺骗、被抛弃、被羞辱、被伤害,却有怨无处诉,有理无处讲。因为美狄亚所处的时代,以男性为中心的社会形态、一夫一妻制为基础的婚姻和家庭关系基本形成。男尊女卑成为当时社会的规范。女性作为第二性——"多余的肋骨",自然便失去了她过去应有的地位,日益沦落为男性的财产和附属品。尤其在当时的雅典,女性只是劳作的奴隶和生儿育女的工具,其价值必须借助男性的赋予才能存在。妇女必须严守贞操,不得参与公共生活,更谈不上政治权利,而男子则可以有外室,在外面胡作非为,不受法律或道德力量的约束。难怪美狄亚悲叹道:"在一切有理智、有灵性的生物当中,我们女人算是最不幸的。"她被逼迫得走投无路了,便反叛了既定秩序和高高在上的强权,也反叛了功勋卓著的英雄,更反叛了自己过去纯洁美好的初衷。美狄亚的反抗,是对父权、夫权、王权的挑战,是女性不甘忍受屈辱命运而反抗男权的反映,是女性要求平等、追求独立人格的呐喊,开辟了女性寻求自身解放的先河,为几千年来女性的觉醒树立了一面旗帜。

欧里庇得斯的悲剧不同于前人处在于,命运主宰一切的观念在剧中不明显了,而影射现实的内容突出了,如把英雄时代丈夫遗弃妻子这个不成问题的问题放到了道德天平上,并同作者所处时代的同类社会问题联系起来。他通过美狄亚这一光彩夺目的形象,对女性的艰难处境和火山爆发式的反抗复仇进行了震撼人心的刻画,对那些被侮辱、受损害的希腊妇女寄予深切的同情,并肯定了她们的反叛精神和女性意识的觉醒,同时也谴责了那些见利忘义的负心汉。悲剧《美狄亚》因此成为歌颂女性为争取自由幸福而斗争的千古绝唱。

(余贞洁)

| 原文 |

# 安德洛玛刻

| 作品提要 |

特洛亚战争结束后,赫克托耳的妻子安德洛玛刻被俘到希腊,成为岛主涅俄普托勒摩斯的小妾,还给他生了一个儿子。涅俄普托勒摩斯的妻子赫耳弥俄涅因没有生育,妒火中烧,千方百计地想置安德洛玛刻于死地。安德洛玛刻跑到忒提斯庙里避难,还把儿子藏起来,不料孩子被赫耳弥俄涅的父亲墨涅拉俄斯捉住,她也被骗离开了神庙。墨涅拉俄斯要把安德洛玛刻母子杀死,被老帕琉斯阻止。赫耳弥俄涅担心涅俄普托勒摩斯会处罚自己,非常惊恐,甚至想要自杀。这时,阿伽门农的儿子俄瑞斯忒斯登门来访,听了赫耳弥俄涅的哭诉,带她一起离开了家。涅俄普托勒摩斯在得尔福因被俄瑞斯忒斯陷害遇难,帕琉斯哀号痛哭,悲叹自己的不幸遭遇。女神忒提斯从天而降,劝慰帕琉斯,让他将安德洛玛刻许配给赫勒诺斯,预言安德洛玛刻的儿子将成为国王,长久地统治摩罗西亚。

| 作品选录 |

## 一 开 场

安德洛玛刻坐在忒提斯庙里祭坛的台阶上。

**安德洛玛刻** 亚细亚地方的精华,忒拜的城市呵!我以前曾从那里带了许多金饰华贵的妆奁到普里阿摩斯的王家,给赫克托耳作生儿育女的妻子。在从前时候是被人歆羡的安德洛玛刻,但是现在乃是最不幸的女人,在一切曾经或将来存在的女人中间。我亲见了丈夫赫克托耳死在阿喀琉斯手里,我给丈夫所生的儿子阿斯堤阿

## 原文

那克斯从高塔上摔了下来,在希腊人毁灭了特洛亚的时候。我从最自由的家门出身的人,来到希腊给那岛主涅俄普托勒摩斯当作奴婢,从特洛亚掠物中选取的武功的奖品。我现住在佛提亚和法耳萨利亚城市交界的平原上,那里海的女神忒提斯曾和珀琉斯住着,避开人间的嘈杂,因此忒萨利亚人民叫作忒提斯圣地,纪念女神的婚姻。阿喀琉斯的儿子在此地住家,却让珀琉斯仍旧治理着法耳萨利亚地方,在老人生存着的期间他不想去拿那王杖过来。我在这家里给那阿喀琉斯的儿子,我现在的主人,生了一个男孩。以前我也受着种种忧患,总有一个希望引着我,只要我的小孩健在,我可以找到什么对于忧患的解救与帮助。但是自从主人娶了那斯巴达女人赫耳弥俄涅,他就推开了我这奴婢的枕席,我从她受到了凶恶的欺侮。因为她说我用了什么秘密的法术使得她没有子女,使得为丈夫所不喜欢,说我想要在这家里夺取她的位置,要用强力把她这正妻赶出去。那床榻我最初并非情愿地承受,现今已经离去,伟大的宙斯知道,我并不自愿去共享那床榻的。

可是我没有法子说服她,她却只是计划要杀我,那女儿的父亲墨涅拉俄斯与谋这件事。他现在就在家里,从斯巴达专为此而来的。我很害怕,跑到靠近这屋的忒提斯庙里来,坐在这地方,或者可以免死。因为珀琉斯和珀琉斯的子孙都敬重这地方,作为与海的女神结婚的纪念。我那唯一的儿子,我偷偷地把他送到别人家里去,怕他会被杀死。因为他的父亲不在我近旁给什么帮助,也不能照顾小孩,他到得尔福地方去了,他往那里对罗克西阿斯请求禳解,为的是在他疯狂的时候曾走到皮托去,向福玻斯要求杀死他父亲的赔偿,或者他的吁请可以免除以前的过失,得到神的将来的恩惠吧。

# 原文

一

（使女上）

**使女** 主母，——我不避忌叫你这个名称，在你的家里，当我们一同住在特洛亚地方的时候，我想这是该当的，我对你好，对你的那时生存着的丈夫好，现在我给你带新消息来，虽然我害怕，主人们有谁会得知，可是我也为得可怜你。所以来了。因为墨涅拉俄斯有可怕的阴谋对于你和你的小孩，这你要小心才好。

**安德洛玛刻** 啊，亲爱的同伴奴婢，因为你同这以前是王后，现在乃是最不幸的人算是同伴奴婢。他们在干什么呢？他们又组织出什么计划来，想要杀这极可怜的我么？

**使女** 不幸的你呵，是你私下送了他出了这家门的儿子他们想要杀害。

**安德洛玛刻** 啊呀！她知道了我的孩儿带走了的事么？怎么知道的？啊，不幸的人呀，我是完了！

**使女** 我可不知道，但是我亲自听到他们这样计划。墨涅拉俄斯出门去找他去了。

**安德洛玛刻** 我是完了！我的儿，那两只秃鹫要抓住你，要杀了你了！那个称作你的父亲的还逗留在得尔福。

**使女** 我想他若是在这里，你也不会得这么的吃苦，可是现在你是没有友人了。

**安德洛玛刻** 没有什么关于珀琉斯的消息听到，说他快要来了么？

**使女** 他老了，帮助不了你什么，即使他在这里。

**安德洛玛刻** 可是我差人去叫他不止一次了。

**使女** 你相信那些使者会听从你么？

**安德洛玛刻** 哪里成呢？那么，你肯给我去做使者么？

**使女** 我要好久的离开家，怎么说得出口？

**安德洛玛刻** 你可以找到许多方法，因为你是女人。

**使女** 那很危险。赫耳弥俄涅监视得很紧。

**安德洛玛刻** 你看见么?你抛弃你的在患难中的朋友。

**使女** 不是的!请你不要用这话责骂我!我去,一个女奴的性命算不得什么,即使我遇着了什么灾祸。

**安德洛玛刻** 那么你去吧,我却要将我们惯常使用的那些悲叹、呻吟和涕泪,都向着天空申诉。(使女下。)因为这是妇女的天性,喜欢将现在的忧患说在口头和舌上。我不只是一件,却是有几多件事要得哀哭,祖先的城市,被杀的赫克托耳和我的凶运,这套住了我,使我不该当地落到奴隶的生活。决不可称那个凡人是幸福的,在你看见他死的末日,看见他怎么地经过,将往地下去了之前。

帕里斯带到伊利翁高城来的不是什么新娘,乃是床上的祸祟,在他带了海伦进她内房去的时候。为了她的缘故,啊,特洛亚呵,猛烈的战神从希腊驶来一千船只,俘虏了你,用兵火毁了你,那海的女神忒提斯的儿子驾了兵车,拖着我的不幸的丈夫赫克托耳绕着墙奔去,我自己从闺房被带到海边,头上套上了这可恨的奴役。多少眼泪从我脸上流下来,在我离开那城市,那闺房,和我那在灰烬里的丈夫的时候。啊呀,不幸的我呀!我为什么必须看着阳光,为赫耳弥俄涅服役呢?我受了她的残害,这才来女神的像前乞援,我用两手抱住了她,流下泪来,像是从岩间涌出的泉水。

## 二 进场歌

佛提亚少女的歌队上。

**歌队** (首节一)啊,夫人,你坐在忒提斯的庙里地上,好久没有离开,我虽是佛提亚人,却来看你亚细亚出身的人,或者我能够给你什么帮助,解除这难解的困难,这把你和赫耳弥俄涅包围在利害的冲突

## 原文

里,因为可怜的你呵,同她二人是共有了阿喀琉斯的儿子的床榻。

(次节一)你要知道自己的命运,计算现在你所遇着的患难。你乃是你主母的敌手,是伊利翁的俘虏,来对敌斯巴达名门的闺秀么?你离开这海的女神接受祭祀的家吧。这于你有什么好处,为了主人的虐待,忧急着去毁损了你的容貌呢?强权终要胜过了你。你本是微末,为什么这么挣扎呢?

(次节二)且离开海洋女神的光彩的神庙吧。你要知道是在异乡,在别国的一个婢女,在这里看不见你的友人,啊,最不幸的人呵,成为最可怜的新娘。

(次节三)伊利翁的夫人,我最怜惜你,在你来到主人的这家里的时候。但是我因为害怕他们,只是沉默着,可是对你怀着怜惜,不让那宙斯的女儿的女孩子看出来我对于你有什么好意。

## 三 第一场

赫耳弥俄涅上。

**赫耳弥俄涅** 我头上戴着那华美的金冠,身上穿着这刺绣的锦衣,来到这里,都不是阿喀琉斯或是珀琉斯家的聘礼,而是从斯巴达土地来的,我的父亲墨涅拉俄斯送给我的,还有许多别的妆奁让我可以自由说得话。对于你们我的回答是这些话。但是你,是一个女奴和用枪尖获得的女人,想要赶我出去,占有了这家,因了你的法术我为男人所不喜欢,因了你使得我的肚子不生育,我是全毁了。因为大陆的女人阻止你去做这些,这海洋女神的家帮助不了你,这祭坛,这神庙也帮助不了你,你却是非死不可!即使那时有人或是神想要救你,你也必须得改去了从前得意时代的狂妄,低身屈服,蹲在我的膝前,打扫我的房屋,从金盆里用手泼出水露,要知道你是在什么地方。这里没有赫克托耳,没有普里阿摩斯和他的金子,却是一个希腊的城市。你这坏东西,你竟自这样荒唐,敢于去和杀了你丈夫的人的儿子去同床,给那凶手生下儿女来。蛮夷种族都是如此的:父亲和女儿,儿子和母亲,姊妹和兄弟会得杂交,近亲的人在鲜血上行走,这些事都没有法律制止。不要把这带进我们这里来!因为这在我们算不对的,一个男子驾驭着两个女人,但是人们凡是愿意好好的生活,看着一个同床的爱人就都满足了。

**歌队长** 女人的心里本有些妒忌,对于并立的妻室,最是相恨。

**安德洛玛刻** 啊,啊!对于凡人年青是一个祸害,年青时不讲理更是祸害。我害怕,因为我是你的奴隶,要使我不能说话,虽然我有很多的理由,即使这得了胜,却会因此反得损害。因为那些气焰很高的人们不甘心容忍在议论上为卑下的人所驳倒,可是我也还不愿放弃我自己的这个案件。

你说吧,年青的夫人,有什么确实的理由,可以使得我想要来挤掉你的合法的婚姻呢?是佛律癸亚的城市比斯巴达还大,比它还有好运,还是你看我是自由的人么?或者因了我的年青,身体丰满,我的城市大,朋友多,使我得意起来,想要从你抢去你的这家么?还是我要替了你来生育些奴隶的孩子,给自己添一个不幸的累赘么?又有谁会得容忍我的孩子来做佛提亚的君主,即使你没有生育?难道希腊人会爱我么?为了赫克托耳的缘故,为了我自己卑微,为了我不是佛律癸亚的女王?

这不是因了我的什么法术,你的丈夫所以讨厌你,乃是因为你自己不配做他的配偶。相思药倒是有的,夫人,使得丈夫高兴的并不是美貌,而是德性。你一生起气来,你就说斯巴达是一个大城市,斯库洛斯却不算什么东西,你对不富的人们卖弄富,看得墨涅

## 原文
一

拉俄斯比阿喀琉斯更是伟大,也正为此你的丈夫所以恨你。因为一个女人即使得到卑微的丈夫,也要知足,不应该狂妄的去竞赛。假如你在盖满了雪的特剌刻地方,得到一个君主做丈夫,在那里一个男子将他的床席轮流分给许多的女人,那么你要去杀了她们么?你若是这样,将要给全体妇女一个恶名,无厌的枕席的欲望。这是我们的耻辱呀!可是实在我们犯的这病也比男性要利害,但是我们好好地把它隐藏起来。

啊,最亲爱的赫克托耳呵,为了你的缘故,我曾和你一同爱你的那人,若是爱神使你失了足。我屡次哺养你的私生儿,免得给你苦受。我这样做,凭了德性得到我丈夫,你却是因为害怕,连天空的一滴露水都不让落在他的身上。夫人,你不要想赛过了你的母亲去追求男人吧,因为凡是明白的女儿应当避开坏母亲的行径。

歌队　　　　主母呵,请你同她语言上和解了吧,这在你是那么容易做到的。

赫耳弥俄涅　为什么那么大言壮语,发起争论来,像是说你倒是有节制,我的行为却是没有节制么?

安德洛玛刻　你确是没有,总之从你刚才所使用的话上看来。

赫耳弥俄涅　女人,我愿我的心里不曾有你那种的思想!

安德洛玛刻　你这样年青,竟说出那可羞的话。

赫耳弥俄涅　你倒是没说,可是尽你的力量对我做了这些可羞的事。

安德洛玛刻　你不肯沉默的受着恋爱的苦痛么?

赫耳弥俄涅　什么!不是每个女人都把这放在最先头的么?

安德洛玛刻　是的,若是和女伴们要好;否则就没有光彩。

赫耳弥俄涅　我们不用蛮夷的法律治理着这城市。

安德洛玛刻　在那里和在这里,可羞的事情都招到羞耻。

赫耳弥俄涅　你能说,能说!可是你总非死不可。

**安德洛玛刻** 你看见忒提斯的像转过眼来直看着你么?

**赫耳弥俄涅** 是呀,她恨你的国土,为了阿喀琉斯的被害。

**安德洛玛刻** 海伦害死了他,不是我,乃是你自己的母亲!

**赫耳弥俄涅** 什么,你还要进一步提起我的灾难么?

**安德洛玛刻** 你看,我沉默了,我闭住了嘴。

**赫耳弥俄涅** 你先告诉我这个,我是为这事而来的。

**安德洛玛刻** 我说,你缺少你所该当有的那点智慧。

**赫耳弥俄涅** 你肯离开海的女神的圣地么?

**安德洛玛刻** 是的,若是我不会被杀死,不然我永不离开。

**赫耳弥俄涅** 这已经确定了,我不等候到我丈夫回来。

**安德洛玛刻** 我也在这之前总不肯投降于你。

**赫耳弥俄涅** 我将拿火来逼你,将不理你的恳求。

**安德洛玛刻** 那么你就烧吧,神们都会看见的。

**赫耳弥俄涅** 这将给你皮肉上很可怕的伤痛。

**安德洛玛刻** 你来宰吧,用血染了女神的祭坛。她将要惩罚你的。

**赫耳弥俄涅** 啊,野蛮的东西!顽强的凶悍!你能够泰然等死么?我就要使得你自己情愿的从你座位上起来!我有这样的饵食给你,可是不,我且隐藏过这话,那事实自身就会显示出来。你那么坐着吧,就是你四周有熔化的铅浇着,我也将使得你起来,在你所信托的那阿喀琉斯的儿子回来之前。(下)

**安德洛玛刻** 是呀,我信托着呢……这是很奇的事,虽然有神给凡人造了药来治凶恶的爬虫的毒,可是没有谁能发现药来应付那比蛇和火还要利害的东西,即是那些坏女人。我们对于人类是那么的一种祸祟呀!

# 原文

## 四　第一合唱歌

**歌队**　（首节）迈亚和宙斯的儿子发动了很大的祸患，那时他来到伊得的山谷，引导着女神们的美装的三马车，准备那赛美的恶斗来到牧人的牛栏，找那青年的牧夫，他独自住在孤独的小舍里的灶边。

（次节一）她们来到丛生树木的山谷，在山泉的流水中洗过了她们光亮的身体，走向普里阿摩斯的儿子，互相竞赛，各说非常怨恨的话语。但是库普里斯得了胜，她用了狡猾的语言，听来愉快，却给佛律癸亚人的不幸的城市和特洛亚的城堡带来了生命的悲惨的毁灭。

（次节二）但愿生他的母亲在他头上给了他那恶运，在他去伊得岩间居住之前，那时卡珊德拉站在神圣的桂树旁边，高叫说要杀他，他是这普里阿摩斯的城市的莫大的祸患。那些首领元老她有谁不找到，有谁不求到，要杀却那个婴孩的呢？

（次节三）那么，奴隶的轭便不会落到伊利翁女人身上，还有你，夫人，也将得到了王宫的宝座，还使得希腊也得免除那苦痛的艰难，在那十年间，它的青年人都捏着长枪，在特洛亚的周围彷徨，也不会使那些床榻空着，老人们没有了儿孙。

## 五　第二场

墨涅拉俄斯上，跟着些从人们，带了摩罗索斯。

**墨涅拉俄斯**　我捉到了你的儿子来了，是你瞒过我的女儿，偷偷地放在别人家里的。你满心希望这女神的木像可以救得你，那些隐藏他的人救得他，可是你，女人，显得聪明不如墨涅拉俄斯了。现在若是你不肯离开这地方，他将要被杀了做了你的替身。你把这计算

# 原文

一下吧,是你愿意死,还是让他被杀,为了你所犯的对于我和对于我的女儿的罪恶。

**安德洛玛刻** 啊,名声呀,名声呀!有多少无聊的凡人给你举得高高的。我认为那些真有荣誉的人是幸运的,但是那从虚假来的,我不承认他们有什么,除了他们偶然似乎显得聪明罢了。这是你,这么一个卑怯的人,率领了希腊的精兵,去从普里阿摩斯手里抢去了特洛亚的么?现在却听了你女儿——还是一个小孩子——的话,那么高的气焰,来对于一个不幸的女奴挑战么?我认为你不配去征服特洛亚,特洛亚为你所征服也更是不值得了。那些似乎显得聪明的只是外边漂亮,但在内中还是同所有的人一样,除了或者是富有,那就是他们的伟大的力量。

墨涅拉俄斯,现在我们来讨论一下吧。设使我死在你女儿的手里,她把我消灭了,她将永逃不掉血染的污秽,在公众面前你也须得去辩解这杀人罪,因为你与闻这事便将逼着你还债。但是若是我得免于死亡,那么你将要杀了我的儿子么?那时你想那父亲会得把他儿子的死轻易地忍受过去了么?特洛亚不曾说他是那么无丈夫气的人,他必会照着应当做的那么去做,他的行为将要证明他不愧为珀琉斯和阿喀琉斯的子孙,他将把你的女儿逐出家门。你把她嫁给别人时,你将怎么地说呢?说是她的贞静使她逃避她的坏丈夫的么?那只是说谎罢了。谁会来娶她呢?你将把她放在家里,没有丈夫,成为白发的寡妇么?啊,不幸的汉子,你没有看见这么大的祸事的洪流么?有多少床笫上的不公平你该愿意你的女儿去经验,总比承受我所说的那事情更好呀!我们不可为了小的原因造成大的祸害,假使我们女人惯惹祸事,男子也不可使他们的性情变得同女人的一样。

## 原文

一

假如我用了什么法术，使得你的女儿不受胎，像她所说的那样，那么我自己心甘情愿，不再蹲在神坛下，我将亲身来承受那家人的处罚，因为使他们没有子孙，我对于他们负着不比对她更小的罪责。我的事情就是这样。但是在你的性格上有一点我很害怕，为了关于一个女人的争宠，你竟毁灭了佛律癸亚人的那不幸的城市。

**歌队** 你说的太多了，一个女人对着男子所说的，你的自制的性情射完了你的箭了。

**墨涅拉俄斯** 女人，那些都是小事情，诚如你所说的，和我的王国不配，和希腊也不配。但是你要知道，一个人那时适值必要的，这在他便会比攻取特洛亚还要重大。我来帮助我的女儿，因为我以为她的妻权的丧失乃是一件大事。女人所受的别的一切痛苦都算第二，但若她失了丈夫，便是失了生命。他既有权管辖我的奴隶，所以我和我家的人也可以管辖他的。因为凡是真正的朋友，他们并无私有的，却只是公有的财物，若是我老等候着外出的人，而不来最适当的处理我的事务，那么我才真是不中用的人，算不得聪明了。你离开女神的庙宇吧，若是你死了，这孩子便得免于难，若是你不愿意死，那么我就把他杀了。你们两人中间必须有一个丢了生命。

**安德洛玛刻** 啊呀，你给我这一个凶险的拈阄和死生的选择，我拈着了，很悲惨，拈不着时也是不幸。啊，你这因了小的缘因造成大的祸害的人听吧：你为什么要杀我呢？是什么理由呢？我出卖了什么城邦了么？我杀了你的哪个儿子么？我烧了什么人家了么？我被强迫和那主人同睡了，你想要杀我，却不去杀他那该负责的。你们撇开了起因，却奔来找这后来的结果么？

生活于我有什么愉快呢？我向着哪边看好呢，向着我现在的，还是过去的命运看呢？我亲见了赫克托耳被杀了被拖在车轮子后边，伊利翁可怜的被火所烧光，我被拉了头发当作女奴，上了阿耳戈斯的船，在到了佛提亚的时候，配给了杀害赫克托耳的凶手，啊呀，我的这些忧患呀！啊，我的不幸的祖国！我受了多么的苦呀！啊，我为什么还必须又做了母亲，在担负上加了担负，成为两重担负呢？但是为什么我悲叹这些事，对于现前的灾难却不去追究，也不计算它呢？这一个孩子我留了下来，是我生命的宝贝，他们却想要杀他，他们觉得杀得对。不，不，若是我这不幸的性命可以救得了他！他还有希望，若是他得救了，可是在我这是一种耻辱，我如不肯替代我的孩子去死。

你看我离开了神坛，来到你的手里，由你去宰吧，杀吧，捆缚吧，颈子上用绳去绞吧！——啊，我的儿，你的母亲为的使你不要死，走向冥土去了。若是你逃出了危难，你要纪念你的母亲，她怎么地受苦，怎么地死的，去同你的父亲亲吻，流着眼泪，两手抱住了他，告诉他一切我所做的事。总之在一切的人小孩总是他们的生命，那些自己没有这经验的会得非难，但他们虽然少受苦痛，在他的幸福上却是不幸的。

**歌队** 我听了很是哀怜，因为对于一切的人患难总是可怜，即使受难的是外乡的人。墨涅拉俄斯，你应该叫你的女儿与她去和解，好让她免除这些苦恼。

*安德洛玛刻离开神坛。*

**墨涅拉俄斯** 家人们，给我抓住那女人，用手挟住了她！因为她将听不到什么好话了。（向安德洛玛刻）我是为的要你离开那女神的圣坛，拿出小孩的死，恰好引你出来到我手里就死的。关于你的，你要知道就是如此。至于这小孩，我的女儿会得决定，她要杀他还是

## 原文

不杀。你进那屋里去吧,那么你可以懂得,像你身为女奴,对于自由人不要再无礼了。

**安德洛玛刻**　啊呀,你用狡计骗了我,我上当了!
**墨涅拉俄斯**　你对大众宣告吧!我一点也不否认。
**安德洛玛刻**　在你们欧洛塔斯河边的人们看来,这算是智慧么?
**墨涅拉俄斯**　是的,特洛亚人也这样,受害的人要得报复。
**安德洛玛刻**　你以为神意并非神圣,你不会得受罚的么?
**墨涅拉俄斯**　那个到来的时候,我自会承受。但是你我是要杀的。
**安德洛玛刻**　还要杀你从我的翅膀下抓去的这小鸟儿么?
**墨涅拉俄斯**　不,我交给我女儿去杀去,若是她爱那么办。
**安德洛玛刻**　啊呀,我的儿!那么我为什么还不为你哭个够呀?
**墨涅拉俄斯**　可不是么,在他的确没有什么好的希望留着了。
**安德洛玛刻**　啊,你们一切人眼里的最可憎的人,斯巴达的居民们,狡狯的谋士,说谎的大王,恶事的制造家,心里没有一点健全的心思,全都是曲曲折折的,你们不该当地在希腊占着势力。在你们中间什么事没有呢?没有很多的谋杀么?没有卑鄙贪婪么?没有老是嘴里这么说,心里却是那么想的这些事,都被人发见了么?你们灭亡去吧!

　　但是在我,死并不那么的沉重,像你所想象的。因为正当佛律癸亚人的不幸的城市和我那有名的丈夫,被毁灭时,我已经毁灭了,我那丈夫曾屡次拿枪迫得你这懦夫从陆地逃到船上去的。现在你却在一个女人面前现出凶恶的武士样子,要来杀我么?你尽管杀吧!我的嘴里总不说恭维你和你女儿的话来。若是我现今落了难,你不要因此自夸,因为你也会得要如此的。

**墨涅拉俄斯引安德洛玛刻下。**

（周作人　译）

## 赏 析

古希腊伟大戏剧家欧里庇得斯被誉为"舞台上的哲学家",深受广大雅典人的尊敬和爱戴,雅典人曾为他树了一块纪念碑,上面题曰:"全希腊世界是欧里庇得斯的纪念碑,诗人的遗骨在客死之地马其顿永埋,诗人的故乡本是雅典——希腊的希腊,这里万人称颂他,欣赏他的诗才。"他在当时没有古希腊另外两位伟大戏剧家埃斯库罗斯和索福克勒斯的名气大,但是身后的影响却是他们难以匹敌的,他们两位均只有七部作品传世,而欧里庇得斯却有十八部作品流传至今。欧里庇得斯蔑视万能的神和威武的英雄,遣责他们制造人间的灾难,对于尘世间的普通人却寄予莫大的同情,尤其对于身处苦难之中的女性,更是寄予极大的关注。

欧里庇得斯的这部伟大悲剧《安德洛玛刻》被后世许多大家奉为经典,后来被17世纪法国著名古典主义悲剧家拉辛改编,同样被引为经典。

《安德洛玛刻》这部伟大的悲剧是以女主人公安德洛玛刻——曾经是赫克托耳的妻子,现在是涅俄普托勒摩斯的小妾——的悲惨遭遇为主要情节,栩栩如生地刻画了主人公的悲剧性格和命运。作者把自己的强烈感情赋予在她身上,赋予她一种神圣的勇气和决心。面对强大的敌人的欺凌、侮辱和迫害,面对命运的不公,安德洛玛刻勇敢地、毅然决然地维护自己的生命和利益,不畏强权,争得属于自己的权利。

安德洛玛刻不是一个畏畏缩缩、忍气吞声的女性,而是一个敢于怒斥敌人、勇敢地为自己而活着的女性。在剧中,墨涅拉俄斯几次三番地威胁要杀死她或者她的儿子。安德洛玛刻一开始并没有准备牺牲自己以保全儿子的性命,她珍视自己的生命,并不想在敌人的威逼之下屈服,草草地了结自己的生命。直到最后,看到敌人根本不理会她的请求,自己也无法在

## 赏析

这样的境况之下保全母子两人的性命,所以才决定为了儿子而牺牲。所幸,安德洛玛刻被珀琉斯救下。

欧里庇得斯对身处逆境、遭人暗算的安德洛玛刻充满了深深的同情。她在作家同情的目光的注视下,越来越顽强,不肯认输,不肯随随便便地放弃自己的生命,为自己的权利据理力争,不相信这世界上邪恶的力量可以如此猖狂,可以随便践踏善良的人们。虽然她只是一个小妾,是主人的一个女仆而已,但是,她却勇敢地做自己的主人,不顺从敌人的威逼,不肯屈服于强大的力量。不但保全了儿子,也保全了自己。

剧中最精彩的段落,就是两个女人——安德洛玛刻和赫耳弥俄涅的对话。通过两人对话的描写,赫耳弥俄涅的嫉妒之心暴露无遗,她们的不同性格也被刻画得惟妙惟肖:安德洛玛刻坚强,不肯认输;赫耳弥俄涅蛾眉善妒,心肠狠毒。本来安德洛玛刻是被涅俄普托勒摩斯俘虏而来,作为他的妾、他的奴婢,她并不情愿。可是一旦有人来侵犯她,她便要为这仅有的微不足道的低下地位而斗争,因为没有人来帮助她捍卫尊严,保护她的安全。赫耳弥俄涅无所不用其极,想逼安德洛玛刻就范,即使她只是一个地位卑微的小妾,赫耳弥俄涅也不想容忍,她只想一个人占有自己的男人。这正是疯狂的嫉妒心、占有欲在作怪。也许赫耳弥俄涅并不是天性恶毒,只是她认为安德洛玛刻的存在会极大地威胁到自己的地位、财产、男人的宠爱和生命安全,所以才要置安德洛玛刻于死地。可以看出,这些所谓高贵的人只是因为出身、财产、地位而高人一等,并不是因为他们的心地善良,或是德行高贵。平时他们还可以伪装得像一个真正尊贵、值得人们敬仰的人,而一旦自己的利益受到损害,他们就会露出真实面目。

作家在作品中还表达了对无所不能的高贵家族的讥讽、愤慨和批判,如在第三场第三合唱歌中,借歌队之口说:"或是不要生下世间来,或是就生自高贵的父亲,是富有的家庭的子弟。因为他们若是遇着什么艰难,名

## 赏析

门的人不会缺少[援助的]勇士,而且宣布名字时说出于高尚的家门,那里也有尊敬和光荣。时光不会拿走高贵的人们所遗留的声名,德性在人死后还发着光辉……"

王后赫耳弥俄涅和她的父亲墨涅拉俄斯代表了与正义和善良敌对的强权势力,代表所谓高贵的家族。他们拥有一切美好的东西,可以在天地之间翻云覆雨,可以随意地蹂躏弱小的力量,随意处置他们的生死。在强大的势力面前,弱小的人是没有地位和尊严的。但是,弱小的力量也是力量,一旦他们反抗起来,就必定让那些所谓高贵的人永远无法再嚣张。涅俄普托勒摩斯贵为国王,却不能保全自己的女人和儿子,还要受制于妻子和岳父,又有何伟大可言?

欧里庇得斯在最后又批判了伟大的诸神,嘲讽了他们的无能:"神们的举动是多样的,神们做出许多的事出于人的意外。我们以为应有的并不曾实现,所不曾期待的事神给找着了出路。现在的事件也便是这样的结局。"(第四场退场)诸神对于敬仰他们的普通尘世之人所期待和希望的美好事情,往往也无能为力。在欧里庇得斯的笔下,希腊诸神头上那曾经让凡夫俗子顶礼膜拜的光环,逐渐变得黯然无光。

(毕晓宁)

# 阿里斯托芬

Aristophanēs

# 阿卡奈人

| **作品提要** |

雅典与斯巴达之间发生战争,雅典农民狄开俄波利斯希望在公民大会上讨论关于与斯巴达议和的问题,但被赶走。于是他私自派阿菲特俄斯拿着八块钱去与斯巴达人单独讲和,同斯巴达人签订了"三十年和约"。狄开俄波利斯在乡村举行庆祝游行,结果受到阿卡奈人的围攻。狄开俄波利斯找到欧里庇得斯借来破烂衣服扮可怜相,极力去说服主战派。一半人相信了他的话,另一半搬来救兵——主战派将领拉马科斯。狄开俄波利斯与拉马科斯发生争辩。狄开俄波利斯开放了和平市场,与所有的伯罗奔尼撒人、墨伽拉人和玻俄提亚人做买卖。可拉马科斯顽固不化,再次出征,被打得狼狈不堪,跛脚归来,而狄开俄波利斯却酒足饭饱,得意洋洋地从酒宴上归来。

| **作品选录** |

## 四 第二场(对驳的准备)

**歌队** (首节)那么,你这个坏东西,为什么还不把案板搬到外面来,发你的高论呢?我倒很想知道你有什么好说。现在就照你自己提议的做法,快把案板放在这儿,开始讲吧。(首节完)

狄开俄波利斯进中屋去把案板搬出来。

**狄开俄波利斯** 大家看,案板在此,别看说话人何等渺小,宙斯在上,我并不用盾牌来掩护,我要为斯巴达人说出我要说的良心话。可是我有理由害怕,我很知道这些乡下人的脾气,他们就喜欢江湖骗子称赞他们和他们的城邦,不管对不对,全不知道自己上了当,叫人家出卖了;我还知道这些年老的陪审员的心情,他们除了想吃陪审费而外,什么都不顾;我也没有忘记去年我那出喜剧叫我本人在克勒翁手里吃过什么苦头;他把我拖到议院去,诬告我,胡说八道,嘴里乱翻泡,滔滔不绝,骂得我一身脏,几乎害死了我!因此,这回在我讲话以前,先让我好好穿上一套,扮出一副最可怜的样子吧。

**歌队** （次节）为什么这样躲躲闪闪,耍乖巧、想花样拖延时间?你就去向希厄洛倪摩斯借他那顶毛蓬蓬的黑色隐身帽来,就去打开西绪福斯的锦囊,施展他的奸谋诡计,我也不管,反正这一场审问你可推卸不了。（次节完）

**狄开俄波利斯** 现在我得显一显胆气了,我去找欧里庇得斯。（敲左屋门）孩子,孩子!

刻菲索丰自左屋上。

**刻菲索丰** 谁呀?

**狄开俄波利斯** 欧里庇得斯在家不在家?

**刻菲索丰** 他在家也不在家。

**狄开俄波利斯** 怎么?他在家也不在家?

**刻菲索丰** 正是呀,你老人家。他的心思不在家,到外面采诗去了;他本人在家,高高地跷起两腿儿写他的悲剧呢。

**狄开俄波利斯** 三生有幸的欧里庇得斯,连他的仆人都是这样的妙嘴儿!快把他叫出来!

**刻菲索丰** 不行,不行。

**狄开俄波利斯** 不行也得行,我反正不走,我要敲门。欧里庇得斯,亲爱的欧里庇得斯!你不搭理别人,也得搭理我;是我啊,是科勒代乡的狄开俄波利斯在叫你。

## 原文

**欧里庇得斯** （自内应）我没有工夫！

**狄开俄波利斯** 但是你叫内景壁转一转就出来啦！

**欧里庇得斯** 不行,不行。

**狄开俄波利斯** 不行也得行。

**欧里庇得斯** 那就转我出来吧;可是我没有工夫下来。

最后一部分墙壁转开,欧里庇得斯出现。

**狄开俄波利斯** 欧里庇得斯!

**欧里庇得斯** 你叫唤什么呀?

**狄开俄波利斯** 你写作,大可以脚踏实地,却偏要两脚凌空！难怪你在戏里创造出那么些瘸子！你为什么穿了悲剧里的破衣衫,一副可怜相？难怪你创造出那么些叫化子！欧里庇得斯,我凭你的膝头求你：从你的旧戏里借一套破布烂衫给我,因为我得要向歌队讲一大套话呢;万一讲得不好,我就完了。

**欧里庇得斯** 什么样的破布烂衫？是不是用来扮演可怜老头俄纽斯的那一套?

**狄开俄波利斯** 不是俄纽斯的,是一个更可怜的角色的。

**欧里庇得斯** 是不是瞎子福尼克斯的？

**狄开俄波利斯** 不,不是福尼克斯的;另外有一个人比福尼克斯还要可怜呢。

**欧里庇得斯** 这家伙到底要什么样的破布烂衫呢？你是说叫化子菲罗克特特斯的那一套?

**狄开俄波利斯** 不是,是要一个更是十足叫化子的角色的。

**欧里庇得斯** 你竟想要瘸子柏勒洛丰忒斯穿过的脏袍子？

**狄开俄波利斯** 不是柏勒洛丰忒斯；我指的那个人又是瘸子,又是叫化子,而且又会出语惊人,又会口若悬河！

**欧里庇得斯**　啊,我知道,那是密西亚的忒勒福斯。

**狄开俄波利斯**　对了,是忒勒福斯。我求你把他的布片儿给我。

**欧里庇得斯**　孩子,你把忒勒福斯的破衣衫给他,那是放在堤厄斯忒斯的破衣服上面的,夹在他的和伊诺的中间。

**刻菲索丰**　(向狄开俄波利斯)喂,拿去!

狄开俄波利斯把衣服打开,对着阳光看。

**狄开俄波利斯**　宙斯啊,你这位到处都看得见、看得穿的神啊,容许我穿成最可怜不过的样子吧!(套上破衣服)欧里庇得斯,行好事行到底,你给了我这个,就请把配搭的行头也给了我吧:我是说那顶密西亚式的小毡帽。我今天得扮一个乞丐;又要是我又要不像我;观众会认识我是谁,但是歌队会莫名其妙,呆在那儿,听凭我用一些巧言妙语捉弄他们。

**欧里庇得斯**　我就给你帽子。这鬼心眼想得个好主意!

**狄开俄波利斯**　愿你有福;"但愿忒勒福斯不倒霉"!妙呀!我已经满嘴的巧言妙语了!然而我还需要一根叫花棒。

**欧里庇得斯**　快拿着滚吧,滚出我的大石厅!

**狄开俄波利斯**　(自语)我的灵魂啊,人家一下子就要把我赶出高门大厦去,不管我还需要多少件小行头!我要强求,我要固请,我要硬讨!

欧里庇得斯,请给我一个小提篮,叫灯火烧穿了的!

**欧里庇得斯**　你要这样一个提篮作什么用呢?

**狄开俄波利斯**　没有什么用,可是我要拿到手。

**欧里庇得斯**　你只是找麻烦,滚开,滚出去!

**狄开俄波利斯**　唉!愿你有福,像你母亲一样有福!

**欧里庇得斯**　给我滚吧!

## 原文

**狄开俄波利斯** 只要再给我一件东西:一个小碗,碗边上打缺的!

**欧里庇得斯** 端着这个滚你的!你可知道你真烦死我了!

**狄开俄波利斯** (旁白)啊,你可不知道你把悲剧糟蹋死了!但是,最亲爱的欧里庇得斯,只要再给我一件东西:一个小水瓶,用海绵当塞子的。

**欧里庇得斯** 你这家伙,这样那样的,你把我一整个悲剧都拿去了!快提着这个滚吧!

**狄开俄波利斯** 我就走。哎呀!我可还要一件东西,得不到手,我就完了。最亲爱的欧里庇得斯,听我说!我一拿到这东西就离开这儿,决不再回来。请给我一点干薄荷叶装在这个小提篮里!

**欧里庇得斯** 你逼我上吊吗!拿去吧。我的剧本整个完蛋了!

**狄开俄波利斯** 那我就走了,用不着再讨了,我太啰唆了,不知道人家厌恶我呢!(走了几步又退回来)哎呀,倒霉,我完了!我竟忘记了一件东西,少了它,什么都只算白搭。我最可爱的、最亲密的小欧里庇得斯,除了这一件,如果我还要向你讨什么,我不得好死,就只一件了,就只一件了,请给我几根从你妈妈那儿要来的野萝卜吧!

**欧里庇得斯** 这家伙好无礼!(向仆人)关门!

欧里庇得斯退,墙壁还原。

刻菲索丰进入左屋。

**狄开俄波利斯** (自语)我的灵魂啊,得不到野萝卜也得走啊。可知道你就要参加的舌战是一件多么严重的事情?你就要替斯巴达人讲话呢。我的灵魂啊,你就上前去吧!这就是起点!你站住不动吗?你整个吞下了欧里庇得斯还壮不起胆?好呀!前进吧,我这可怜的心!快到那儿去,把脑袋献在那上面,说出你要说的话。勇敢些,走呀,前进呀!我赞美我的心!

狄开俄波利斯把头靠在案板上。

## 五　第三场　（对驳）

**歌队**　你要干什么呢？你要说什么呢？你胆大包天！你厚颜无耻！你居然要把你的颈脖子献给城邦，和我们大家作对、抬杠！这家伙居然一点也不害怕！来呀，既然你自己情愿，你就开口吧！

**狄开俄波利斯**　诸位观众，请你们不要见怪，我这样一个叫化子，不揣冒昧，要当着雅典人在喜剧里谈论政事，要知道喜剧也懂得是非黑白啊。我要说的可能会骇人听闻，但却是真情实理。

　　克勒翁现在再也不能够诬告我当着外邦人诽谤我们的城邦：因为这一次戏剧竞赛是在勒奈亚节里举行的，就只有我们自己在场，外邦人还没有前来，盟邦的贡物和部队还没有到呢。我们是麦子，外邦人是壳子，现在壳子是簸得干干净净的，至于外邦侨民，那又另当别论，他们虽不是公民，总得算面粉里带的麸子。

　　我衷心痛恨斯巴达人，但愿海神，泰那农海角上的神明，叫大地震动，震倒他们的房舍，把他们全都压死：谁叫他们把我的葡萄藤割了呢！可是，在场的既然都是朋友，我们不妨说一句知心话：我们这样受罪，为什么全怪斯巴达人呢？我们有些人，我并不是说城邦——请你们千万记住，我并不是说城邦——而是说一些坏小子、假铜钱、没有公权的流氓、冒牌货、半外国人，他们经常告发人私卖了墨伽拉外套，如果他们在哪里看见有葫芦，或是野兔，或是小猪，或是蒜头，或是大盐，就说这些是墨伽拉走私货，拿去充公拍卖了。这不过是一些鸡毛蒜皮、地方习气，不算什么。

　　糟糕的是：有一些年轻小伙子玩酒戏喝醉了，跑到墨伽拉去，抢来了那个名叫西迈塔的妓女。想不到这一点鸡毛蒜皮，居然扫

## 原文

一

了墨伽拉人的面子，惹动了他们的大蒜劲儿，他们反而抢劫了阿斯帕西亚两个妓女。好，为了三个娼妇，战火就在全希腊烧起来了。我们的盖世英雄伯里克里斯勃然大怒、大发雷霆、大放闪电，震惊了全希腊；他拟出了一道命令——读起来就像一首酒令歌——"我们的领土内，我们的市场里、海上、陆上，一个墨伽拉人都不准停留！"

这一下墨伽拉人渐渐挨饿了，他们便央求斯巴达人转圜设法取消这一道禁令，无非是那些娼妓惹出来的禁令。多少次斯巴达人要求我们，可是我们一次也不理。从此就干戈处处，大动刀兵了。也许有人会说他们不应该。可是他们应该怎样呢？喂，要是斯巴达人坐船来，告发人私卖违禁货，把一条塞里福斯小狗子拿去充公拍卖了，难道你们会坐在家里不动吗？那才不会呢！不由分说，你们会叫三百只战舰立刻下水，全城轰动，到处只听见兵士的吵闹声、对战船供应人员的呼噪声；军饷在发放，雅典娜的神像在涂金，仓库里在乱哄哄，军粮在过斗；到处是套桨的皮圈、酒囊、瓶子、大蒜、橄榄、一网袋一网袋的葱头；到处是花冠、凤尾鱼、吹笛女和打青了的面孔；造船厂里圆木在刨成桨，楔子在拍进缝，桨柄在装上皮圈，只听见水手头目的口令、箫声、笛声、哨子声。你们一定会这样做的，我们以为忒勒福斯不会这样做吗？那我们就太不聪明了。

**甲半队领队**　你这个该死的东西，你这个可恶的东西，真的吗？你是个叫化子，你敢向我们这样说吗？就是我们这儿有告密人，你敢骂我们吗？

**乙半队领队**　是呀，凭海神起誓，他说的都是真的，他并没有说一句假话。

**甲半队领队**　就说是真的,这家伙配说吗?他这等无礼,该受惩罚!

　　甲半队领队冲向狄开俄波利斯。

**乙半队领队**　你冲到哪里去?快停下来!你要是打了他,我立刻就把你举起来!

　　甲乙两半队自己打起来,结果是甲半队打输了。

**甲半队领队**　眼光里闪电的拉马科斯啊,快来救我呀!盔顶上插大羽毛叫人一见丧胆的拉马科斯啊、我的朋友啊、我的族人啊,快出来救我呀!军官也好、大兵也好、攻城的也好、守城的也好,快来救我呀!我的腰叫人家抱住了呀!

　　拉马科斯全副武装偕二兵士自右屋上。

**拉马科斯**　哪里来的杀伐之声?哪里求我去增援?哪里求我去一显神威?哪一个惊动了我这张戈耳戈盾牌,叫它从匣子里直跳了起来?

**狄开俄波利斯**　大英雄拉马科斯啊,你这些翎毛和队伍真吓死人!

**甲半队领队**　拉马科斯,这家伙一直在诽谤我们的整个城邦!

**拉马科斯**　你是个叫化子,你敢胡闹吗?

**狄开俄波利斯**　大英雄拉马科斯啊,饶了我这个叫化子胡说八道吧!

**拉马科斯**　你说了些什么啦?快告诉我!

**狄开俄波利斯**　我记不得了,一见你的刀呀枪呀,我就昏头昏脑了。我求你先挪开那个妖怪头。

**拉马科斯**　得!

　　拉马科斯把盾牌提开。

**狄开俄波利斯**　把它翻过去。

　　拉马科斯把盾牌翻转。

**拉马科斯**　伏在那儿了。

**狄开俄波利斯**　从你的盔顶上折一根翎毛给我。

## 原文

一

**拉马科斯** 拿去吧,这一片小绒毛。

**狄开俄波利斯** 扶住我的头,我好吐一吐,你的翎毛真叫我作呕。

**拉马科斯** 你这家伙,干什么呀?你竟用我的小绒毛助呕。

**狄开俄波利斯** 这是小绒毛吗?告诉我,是什么鸟的?是牛皮鸟大王的吗?

**拉马科斯** 呸,我非宰了你不可!

两人扭打起来,结果是拉马科斯打输了。

**狄开俄波利斯** 得了,得了,拉马科斯!你只有这点劲儿,怎么干得了!如果你真有力气,为什么不把我阉割了?你不是挺雄赳赳的吗?

**拉马科斯** 你这个叫化子胆敢这样挖苦我这个军官?

**狄开俄波利斯** 我是个叫化子吗?

**拉马科斯** 那你是什么东西?

狄开俄波利斯把破衣服脱掉。

**狄开俄波利斯** 我是什么人?是一个好公民,向来不钻营官职。开战以来,我就一直是最肯卖命的人;而你呢,开战以来,就一直是只拿官俸的人。

**拉马科斯** 是大家选举了我——

**狄开俄波利斯** 三只鹌鸪选举了你!我一恶心便议下了和约,我实在看不惯多少白发老头儿排在队伍里,而你这样的一些年轻小伙子却躲掉了,有的,像提萨墨诺—淮尼波斯和帕努癸帕喀得斯,跑到特剌刻去了,每天支三块钱官俸;有的跟着卡瑞斯去了;有的,像格瑞托—忒俄多洛斯和狄俄墨阿拉宗之流,上了卡俄尼亚;还有的去了卡马里那,革拉和卡塔—革拉。

**拉马科斯** 是大家推举了他们——

**狄开俄波利斯** 可是为什么缘故你们老是支官俸,而这些人(指着歌队)却一点也不支？马里拉德斯，你的头已经白了，你当过使节没有？他摇摇头。他却是个稳当、勤勉的好人。德刺库罗斯、欧福里得斯或是普里尼得斯又怎样呢？他们说没有。可是科绪拉的儿子和拉马科斯却看见过，他们两人一向偿不清债务、付不清救济捐，还弄得所有的朋友，就像夜里向街上倒脏水那样的向他们警告过："走开点！"

**拉马科斯** 民主政府呀，这是可以忍受的吗？

**狄开俄波利斯** 拉马科斯支了官俸，就得忍受啊！

**拉马科斯** 可是我要同所有的伯罗奔尼撒人永久打下去，我要尽最大的力量用海陆军从各方面去困扰他们！

拉马科斯偕二兵士进入右屋。

**狄开俄波利斯** 我却要向所有的伯罗奔尼撒人、墨伽拉人和玻俄提亚人宣告，让他们同我做买卖，可不让拉马科斯。

狄开俄波利斯进入中屋。

## 十一 第六场

传令官自观众右方上。

**传令官** 大家听呀！按照我们祖传的习惯，你们听见号声就喝大盅酒！谁先喝干，谁就赢得克忒西丰的皮囊！①

传令官自观众右方下。

狄开俄波利斯和他的仆人自活动台上出现。

**狄开俄波利斯** 孩子们、妇女们，你们没有听见吗？你们在做什么啦！你们没有听见吗？你们在做什么啦！你们没有听见传令官说话？快煮呀，烤呀，翻呀，赶快把兔子肉拖出来，快编扎花冠；把铁签拿来，让我来戳上画眉鸟！

## 一

**原文**

**歌队长**　我羡慕你主意好,更羡慕你此刻兴高采烈!

**狄开俄波利斯**　等你看见烤画眉,不知你又该说什么了!

**歌队长**　真是啊!

**狄开俄波利斯**　(向仆人)把炭火拨一拨!

**歌队长**　你们看,他多么在行、多么熟练,十足像个厨师,自己会做得一手好菜!

*得刻忒斯自观众左方上。*

**得刻忒斯**　哎呀呀!

**狄开俄波利斯**　赫剌克勒斯啊,又是什么呀?

**得刻忒斯**　是个倒霉人!

**狄开俄波利斯**　你自己留下"霉",别"倒"给人家!

**得刻忒斯**　好朋友,只有你得到了和约,请把你的"和平"量一点给我,哪怕就量给我五——年吧。

**狄开俄波利斯**　你怎么啦?

**得刻忒斯**　我完了,丢了两头牛!

**狄开俄波利斯**　怎么丢的?

**得刻忒斯**　那些玻俄提亚人从费勒牵走的。②

**狄开俄波利斯**　你这三生不幸的人啊,你居然还穿上白衣服!③

**得刻忒斯**　我本来过日子挺不错,天天捞得着——牛屎。

**狄开俄波利斯**　你现在要什么呢?

**得刻忒斯**　我哭那两头牛,哭瞎了眼睛。如果你关心费勒的得刻忒斯,请赶快用和平露抹抹我的眼睛。

**狄开俄波利斯**　可是,你这个可怜人啊,我并不是官医。④

**得刻忒斯**　我求求你,也许我还可以找回我的两头牛呢!

**狄开俄波利斯**　办不到,你哭到庇塔罗斯家里去吧!⑤

**得刻忒斯**　只请你向这个小芦管里滴一滴和平露！

**狄开俄波利斯**　半滴也不,到别处去掉你的眼泪吧！

**得刻忒斯**　哎呀,我的好耕牛倒了我的霉啊！

　　　得刻忒斯自观众左方下。

**歌队长**　你们看他在和约里发现了什么最甜蜜不过的东西,不轻易分给别人一点儿。

**狄开俄波利斯**　（向仆人）你把蜂蜜倒在腊肠上,把鳝鱼烤烤！

**歌队长**　你们听见他气焰万丈的大声嚷吗?

**狄开俄波利斯**　（向仆人）把鳝鱼烤烤！

**歌队长**　你已经叫我眼睁睁看得馋死我,叫香气熏死了左邻右舍还不算,定要这样叫唤,吵死我们！

**狄开俄波利斯**　（向仆人）再把这些烤烤,好好地烤黄！

　　　伴郎自观众右方上。

**伴郎**　狄开俄波利斯！

**狄开俄波利斯**　谁？谁？

**伴郎**　有一位新郎从喜筵上给你送来了这些肉。

**狄开俄波利斯**　做得漂亮,不管人是怎样。

**伴郎**　他请求你为了这点菜倒一小杯和平露到这个香水瓶里,免得他出去服兵役,好让他留在家里侍候新娘子。

**狄开俄波利斯**　把这些肉拿回去,拿回去,不必送给我,就是给我千万块钱,我也不倒给他一滴！

　　　伴娘自观众右方上。

**伴郎**　是伴娘,她要私下里告诉你从新娘那儿带来的什么话呢。

**狄开俄波利斯**　来,你要说什么啦？

　　　伴娘向狄开俄波利斯耳语。

## 原文

　　老天爷，新娘的迫切恳求是多么荒唐可笑啊！她想把新郎那个家伙留在家里！（向仆人）快把和平露拿到这儿来！我只给她破个例，因为她究竟是女人家，总不该叫打仗打垮。

仆人把和平露递给狄开俄波利斯。

　　女客人，把你的瓶子拿到这底下来，这样！（倒和平露）你知道你们怎样使用吗？告诉新娘，就在征兵征到新郎身上的时候，夜里用这个抹在他身上最需要抹的地方。

伴郎和伴娘自观众右方下。

　　把和平露拿走！把酒提子拿来，我好打一些酒把大酒盅都倒个满。

仆人自活动台上退进去。

**歌队长**　有人急急忙忙跑到这儿来，皱着眉头，好像要传报什么可怕消息了！

传令官自观众右方急上。

**传令官**　哦，吃苦头啊，打苦仗啊，拉马科斯们出来啊！

传令官敲右屋的门，拉马科斯上。

**拉马科斯**　谁在我这座四壁镶铜器亮堂堂的府第周围闹个哄哄响？

**传令官**　将军们命令你，带你的队伍和你的翎毛，火速出发，冒风雪，去把守关口！方才得报：玻俄提亚强盗，要趁大酒盅节、大酒钵节，向我们大举进袭！

传令官自观众右方下。

**拉马科斯**　这些将军啊，数目大、胆子小！偏叫我不能够去庆祝节日，可又是太凶了呀！

**狄开俄波利斯**　英勇善战的拉马科斯誓师出马了！

**拉马科斯**　你是什么东西，胆敢讽刺我？

**狄开俄波利斯** 哪里是"蜂"刺你,你倒要和四只翅膀的革律翁作战吗?⑥

**拉马科斯** 唉,唉,传令官向我宣布了多么坏的消息啊!

**狄开俄波利斯** 呵,呵,这个人跑来给我报什么喜信呀?

报信人甲自观众右方急上。

**报信人甲** 狄开俄波利斯!

**狄开俄波利斯** 怎么啦?

**报信人甲** 赶快带你的提篮和你的大酒盅去赴宴会,酒神的祭司召请你!请你快一点,你把宴会耽误了这么久。什么都准备好了:躺榻、餐桌、靠垫、毛毯、花冠、油膏、糖果,连妓女都到了,还有麦片糕、奶油饼、芝麻糕、蜂糖饼、美貌的歌女——"哈摩狄俄斯最亲爱的"。⑦你快去快去!

报信人甲自观众右方下。

**拉马科斯** 我倒霉啦!

**狄开俄波利斯** 谁叫你选中了断头戈耳戈作你的保护神呢!(向仆人)你把屋子关起来,⑧叫谁把酒菜准备好。

**拉马科斯** 孩子,孩子,把我的背包拿出来!

**狄开俄波利斯** 孩子,孩子,把我的菜篮拿出来!

**拉马科斯** 给我拿一点茴香盐来,别忘记葱头!

**狄开俄波利斯** 给我拿几块鲜鱼片来,我讨厌葱头!

**拉马科斯** 给我拿无花果叶子裹一点臭鱼干,路上好充饥。

**狄开俄波利斯** 给我拿无花果叶子裹一盘肥肉来,带去好现烤。

**拉马科斯** 把我头盔上的翎毛拿出来!

**狄开俄波利斯** 把我的斑鸠和画眉鸟搬出来!

**拉马科斯** 这些鸵鸟毛白得好美啊!

## 原文

**狄开俄波利斯**　这只斑鸠肉黄得好美啊！

**拉马科斯**　你这家伙，不要再挖苦我的盔甲！

**狄开俄波利斯**　你这家伙，不要老盯着我的画眉鸟！

**拉马科斯**　把那个装三道翎毛的匣子找出来！

**狄开俄波利斯**　把那个装兔子肉的盘子递给我！

**拉马科斯**　蛾子总是咬了我的翎毛！

**狄开俄波利斯**　我在饭前总是先喝兔肉汤！

**拉马科斯**　老兄，多谢你别跟我说话吧。

**狄开俄波利斯**　我只是跟这小厮话不对头。（向仆人）你愿意打赌吗？
让拉马科斯来公断：到底是画眉鸟好吃，还是蝗虫好吃？

**拉马科斯**　蝗虫好吃！你欺人太甚！

**狄开俄波利斯**　他说是蝗虫好吃！

**拉马科斯**　孩子，孩子，把长矛取下来，拿到这儿来！

**狄开俄波利斯**　孩子，孩子，把腊肠取出来，拿到这儿来！

**拉马科斯**　我要把枪套子退下来，孩子，你捏住，捏紧点！

**狄开俄波利斯**　孩子，你把铁签子捏紧点！

**拉马科斯**　先拿架子来搁我的盾牌！

**狄开俄波利斯**　先拿面包来垫垫我的肚子！

**拉马科斯**　再把戈耳戈面的圆牌牌提给我！

**狄开俄波利斯**　再把奶酪面的圆饼饼递给我！

**拉马科斯**　这不是最不堪入耳的嘲笑吗？

**狄开俄波利斯**　这不是最好吃可口的奶酪饼吗？

**拉马科斯**　你把油倒上去！①哈，哈，一看我的铜盾牌，我就想得见丧魂失魄的逃将捉去受审呢！

**狄开俄波利斯**　你把蜂蜜倒上去！哈，哈，一看我的奶酪饼，我就看得

阿卡奈人

见哭笑不得的戈耳戈儿子活活受罪呢!

**拉马科斯** 把我的护心铠甲拿到这儿来!

**狄开俄波利斯** 把我的暖心酒拿到这儿来!

**拉马科斯** 我武装起来好对付死敌。

**狄开俄波利斯** 我提起精神来好对付酒友。

**拉马科斯** 孩子,把毯子捆好在盾牌上!

**狄开俄波利斯** 孩子,把食品放好在篮子里!

**拉马科斯** 我自己扛背包吧。

**狄开俄波利斯** 我还要穿长袍哪。

**拉马科斯** 孩子,你把盾牌拿起来,背着走吧!哎呀,下雪啦!真叫做双"气"临门,吃不尽风霜之苦。

**狄开俄波利斯** 你把篮子提起来!就去赶享不尽的宴饮之乐!

拉马科斯和他的仆人自观众左方下,

狄开俄波利斯和他的仆人自观众右方下。

(罗念生 译)

**注释:**

① 传说杀母的俄瑞斯忒斯来到雅典,大家不愿和他共用一只酒杯喝酒,雅典的国王便下令各饮各的酒杯,谁先饮完,谁就得到一皮囊酒。克忒西丰是一个大胖子,"克忒西丰的皮囊"指的是一大皮囊的酒。

② 费勒是靠近玻俄提亚的关口。

③ 白衣服是节日里穿的吉服。

④ 直到19世纪初希腊医生的年薪还是由政府供给的。

⑤ 庇塔罗斯是当时的一位名医。

⑥ 革律翁是西方岛国神话时代的国王,他有三头三身、六手六脚,狄开俄波利斯再给他加上四只翅膀。中世纪的注译家以为狄开俄波利斯说这话时手里抓着一只蝗虫,因为他没有鸟吃,只吃蝗虫。

## 原文

⑦ 这是当时一首著名的酒令歌的头一句。
⑧ 意即把平台推进去,把墙壁转回去,使屋子还原。原来屋子的墙壁有一边是打开的,这墙壁正相当于现代剧的布幕。
⑨ 倒在盾牌上把它擦亮。

| 赏 析 |

阿里斯托芬是古希腊最著名的喜剧家。他出生于希波战争结束之时,生活于雅典奴隶主民主政治由盛转衰时期。他站在自耕农的立场上,反对雅典集团和斯巴达集团之间的战争;敢于面对社会现实,抨击政治蛊惑家,攻击雅典的内政外交。他一生共创作了四十四部喜剧,现仅存有《阿卡奈人》、《骑士》、《云》、《马蜂》、《地母节妇女》、《蛙》、《鸟》、《和平》、《吕西斯特拉忒》、《公民大会妇女》、《财神》等十一部。他的喜剧反映了当时的一些重大政治问题和社会问题,描述了雅典奴隶主民主制危机时期的社会生活。因此,他被恩格斯称为是"有强烈倾向的诗人"。

《阿卡奈人》是阿里斯托芬第一部成功的喜剧。它以雅典与斯巴达两大城邦之间发生的伯罗奔尼撒战争为背景。这场战争持续了将近三十年,最后以雅典战败而告终。这次战争虽然是斯巴达及其盟邦挑起来的,但雅典的主战派首领也负有重大责任。克勒翁在雅典执政后,就推行好战的"上邦政策"。战争使雅典遭受了极大的破坏,阿提卡农村田地荒芜,瘟疫流行,许多人食不果腹,流离失所。饱受战争之苦的雅典人民,尤其是阿提卡农民痛恨战争带来的灾难,对好战的双方统治者都非常不满。但极少数统治者却借机大发战争横财——买卖武器、兼并土地、放高利贷,因此,他们极力鼓吹战争。阿里斯托芬亲眼目睹了这场战争,对饱受蹂躏的平民百姓很是同情,故创作了这部喜剧来抨击好战分子,呼吁和平。

## 赏析

喜剧以雅典的一次乱哄哄的公民大会作为"开场"。阿提卡农民狄开俄波利斯首先进场等候开会,他希望在大会上讨论关于与斯巴达议和的问题。但当看到大会竟然不让主和的阿菲特俄斯发言并将他赶走时,狄开俄波利斯表示了抗议。抗议无效促使他下决心与斯巴达人单独讲和,便私自派阿菲特俄斯拿着八块钱去议和,同斯巴达人签订了"三十年和约"。然后,狄开俄波利斯为庆祝避免了战争和苦难,同一家人举行乡村酒神节游行,遭到了阿卡奈人(即剧中的歌队)乱石的围攻。阿卡奈人要惩罚这个"祖国的叛徒",主张向斯巴达人报复。狄开俄波利斯为说服主战的阿卡奈人,博取他们的同情,向欧里庇得斯借了一套破烂衣服穿在身上扮可怜相。

第三场"对驳"的情节在此基础上展开。狄开俄波利斯先陈述说自己也衷心痛恨斯巴达人,因为他们把他的葡萄藤割了,由此表明他在感情上的立场是同大家一样的。但随之话锋一转——"我们这样受罪,为什么全怪斯巴达人呢?"引出了问题的关键所在——战争双方都有责任,雅典当局难辞其咎。狄开俄波利斯还设身处地站在对方的立场上考虑——假设自己是对方的话,雅典人将会有什么样的反应。人往往习惯从自己的立场上看问题,如果能换个角度从对方的立场上去考虑,问题可能就容易解决多了。他的这一番话赢得了一半人的信服。另一半人搬来了救兵——主战派将领拉马科斯,与狄开俄波利斯展开了战与和的辩论。狄开俄波利斯先是嘲笑戏弄了外强中干的拉马科斯,随之两人在台上扭打起来。具有讽刺意味的是,全副武装的拉马科斯竟然被身为农民、赤手空拳的狄开俄波利斯打败了。继而,狄开俄波利斯向人们揭露了拉马科斯之流的丑恶嘴脸,指出他们只拿官俸而不肯卖命的事实,他们主战是因为他们可以从战争中获利。至此,阿卡奈人终于看清了事情的真相、战争的实质,接受了议和的主张。

## 赏析

喜剧的后段,狄开俄波利斯开放了和平市场,与所有的伯罗奔尼撒人、墨伽拉人和玻俄提亚人做买卖。阿卡奈人不再反对议和,可拉马科斯顽固不化,再次出征,被打得狼狈不堪。战败的拉马科斯跛脚而行,痛苦万分;狄开俄波利斯却由两个吹双管的女子伴着,酒足饭饱,得意洋洋地从酒宴上归来。

阿里斯托芬抓住社会生活的本质,对一些生活现象予以夸张,产生了强烈的喜剧效果,又引人深思。如在第四场中,一个为饥饿所迫的墨伽拉人,将他的两个亲生女儿当猪卖给了狄开俄波利斯,代价是一把蒜头、一筒盐。这一场景看似很滑稽,但骨子里是凄惨的,显示了战争的残酷。同样,饥饿的墨伽拉人与富裕的玻俄提亚人构成了一组战争与和平的对比图景:卷入战争的墨伽拉人生活困苦,而没有受到战争祸害的玻俄提亚人生活安定富有。

在第六场中,对比手法的巧妙运用将全剧的讽刺效果推到顶点。狄开俄波利斯身穿长袍、头戴花冠准备去赴"大酒盅节"宴会,而坚持打仗的拉马科斯则穿着护心铠甲挨冻去夜守关口:

**拉马科斯**　把我的护心铠甲拿到这儿来!

**狄开俄波利斯**　把我的暖心酒拿到这儿来!

**拉马科斯**　我武装起来好对付死敌。

**狄开俄波利斯**　我提起精神来好对付酒友。

**拉马科斯**　孩子,把毯子捆好在盾牌上!

**狄开俄波利斯**　孩子,把食品放好在篮子里!

**拉马科斯**　我自己扛背包吧。

**狄开俄波利斯**　我还要穿长袍哪。

**拉马科斯**　孩子,你把盾牌拿起来,背着走吧!哎呀,下雪啦!真叫做双"气"临门,吃不尽风霜之苦!

## 赏析

**狄开俄波利斯** 你把篮子提起来！就去赶享不尽的宴饮之乐！

和平的幸福和战争的重负形成极其尖锐的对照，一个即将享受宴会的快活，另一个则要面对烦恼和战争的残酷。而"退场"中，狄开俄波利斯和拉马科斯两人的不同结局象征着战争与和平的不同结果，一个喝得酩酊大醉，高声欢呼；一个在战争中受伤残废，痛苦呻吟。这些场面证实了诗人的论断：和平胜过战争。

《阿卡奈人》的主题思想就是反对内战，呼吁和平。剧作以当时的政治生活为题材，反对当局发动的侵略战争，认为战争给人民带来灾难，希腊各城邦之间应和睦相处，表现了剧作家对现实的高度关注和反对鼓吹战争、自私自利的当权者的政治倾向。在这出戏里，狄开俄波利斯是阿提卡农民意识的代表，反对劳民伤财的战争。拉马科斯既代表了好战的将领，又代表了专权的克勒翁之流。阿卡奈人影射当时占主流的主战的群众，包括工商界和一部分乡下人。剧中的很多情节是滑稽可笑的，如狄开俄波利斯用八块钱与斯巴达人订下了三十年的和约；狄开俄波利斯以一筐木炭作为人质吓退了追打他的阿卡奈人；墨伽拉人把孩子当猪卖。这些场景看似荒诞不经，引人发笑，实则笑中含泪，寓喻着深刻的反战思想。

在该剧中，阿里斯托芬通过漫画式的夸张手法和表面上很不严肃的插科打诨的场面来反映生活，通过对比的手法突出表现和平的幸福与战争的痛苦，其最终目的在于扫除群众中的主战心理。阿里斯托芬以其卓越的喜剧创作，履行了一个喜剧诗人应该承担的责任，即在《阿卡奈人》中借剧中人物之口所说的，"在喜剧里谈论政事"，"辩出是非曲直"，以"发扬真理，支持正义"。这些创作观念直到今天，对我们的文学创作仍具有借鉴意义。

（李株玲　杨晓霞）

**原文**

# 鸟

| **作品提要** |

雅典公民欧厄尔庇得斯和珀斯特泰洛斯厌恶城邦诉讼不断,欲找一个清静之地,建立一个乌托邦王国。他俩找到神话中变成戴胜鸟的前雅典公民特柔斯后,献策建立一个独立鸟国。戴胜听后召集鸟们商议。欧厄尔庇得斯和珀斯特泰洛斯极力说服鸟们实施他们的计划。鸟们被他们的言辞所打动,同意建立一个"云中鹁鸪国",奉波斯种小公鸡为护城神。欧厄尔庇得斯成为云中鹁鸪国的成员,帮助众鸟建造城堡,珀斯特泰洛斯成为云中鹁鸪国的祭司,祭祀新的神。这时,诗人、预言家、历数家、视察员、卖法令的人等闻风而来,期望立足分羹,被珀斯特泰洛斯一一赶走。云中鹁鸪国的城堡建成后,鸟群部队逮住了从奥林波斯山上下来的绮霓女神。鸟国隔断了人向神献祭的香气。下界的人请珀斯特泰洛斯加冕为王,人间的逆子、舞师、讼师申请要到鸟国入籍,被珀斯特泰洛斯打发走。反对宙斯的普罗米修斯偷偷来通风报信,说众神在挨饿,珀斯特泰洛斯可乘机逼宙斯让出王权并娶巴西勒亚为妻,成为云中鹁鸪国之王。

| **作品选录** |

## 第二场 （对驳）

**歌队** （首节）人类总是处处不老实,可是你说吧,也许你碰上了什么我们没看到的,我们想不到的好主意;你有什么意见就跟大家讲吧;不管你帮助我们得到什么好处,我们都是全体共有的。(首节完)

**歌队长** 把你们带来的计划拿出来,大胆讲吧,我们决不会首先破坏盟约。

**珀斯特泰洛斯** 他妈的,我肚子胀得慌,话都要流出来了,这下可没人拦着不许我说了。来人呀,快给我把花圈拿来,拿水给我洗洗手。

**欧厄尔庇得斯** 这是怎么的,我们要吃酒席吗?

**珀斯特泰洛斯** 不是,我这是要作一次重大的内容精彩的发言,要叫它们惊心动魄,(向歌队)唉,我是多么为你们伤心呀,你们曾经是王……

**歌队长** 我们是王?什么王?

**珀斯特泰洛斯** 是万物之王,我和他的王,宙斯的王,你们比宙斯的爸爸和古代的巨灵还长一辈,比大地还要老。

**歌队长** 比大地还要老?

**珀斯特泰洛斯** 这可一点不假。

**歌队长** 这可从来没听说过。

**珀斯特泰洛斯** 这是因为你们孤陋寡闻,庸庸碌碌,也没翻译过《伊索寓言》;他说过云雀是头一个出来的,比大地还早,后来它父亲得病死了,不是还没有大地吗,尸首停了五天没法埋,后来不得已就把它父亲埋在自己头里了。

**欧厄尔庇得斯** 这云雀的爸爸现在还埋在头镇①。

**珀斯特泰洛斯** 所以你们比大地跟天神都早;既然是长辈,王位岂不应该属于你们?

**欧厄尔庇得斯** 说真的,你们真该把尖嘴保养好,光凭啄木鸟啄橡树,宙斯不会轻易让位的。

**珀斯特泰洛斯** 所以在古代统治人类的不是天神而是鸟,关于这个有很多根据,首先我可以举公鸡为例:远在大流士跟墨伽巴左斯两位大王之前,波斯人是由公鸡统治的,就因为这个原因,它今天还被

# 原文

称为波斯鸟。

**欧厄尔庇得斯**　就因为这个,今天鸟里只有公鸡独一份,像大王一样头上戴着冠子。

**珀斯特泰洛斯**　它从前有那么大的权威,就是到了今天,由于它过去的威风,它只要清早一唱,什么人都得起身工作,不管是铜匠,陶匠,皮匠,鞋匠,澡堂子里的,面铺子里的,做盾牌的,还是修理乐器的,还有些人天不亮就穿起鞋来上工了。

**欧厄尔庇得斯**　他这是说我啦,我的一件顶软的佛律基亚羊皮袄就是这么丢的。有人家小孩生下来十天,请我进城吃酒,别人还没吃呢,我就睡着了;那个时候鸡就叫了,我还以为是天亮了呢,就赶回镇上去,刚出了城,一个劫路的就在我后面一棍子把我打倒了,我还没叫呢,他就把我皮袄抢走了。

**珀斯特泰洛斯**　还有鹞鹰,曾经是希腊的王。

**歌队长**　希腊的王?

**珀斯特泰洛斯**　也就是这个最早的国王告诉我们一看见鹞鹰就得下拜。

**欧厄尔庇得斯**　真他妈的,有一回我看见了一只鹞鹰,正磕着头呢,一伸腰,一张嘴,把嘴里的钱给咽下去啦,只好空着口袋回家啦。

**珀斯特泰洛斯**　至于整个的埃及跟腓尼基从前都是鹁鸪鸟做王;只要鹁鸪一叫"布谷",所有的腓尼基人就都下地割大麦小麦啦。

**欧厄尔庇得斯**　所以这句俗语真不错:"割了包皮的小伙子们下地去呀,布谷呀。"

**珀斯特泰洛斯**　在希腊国家里不管是个什么王,阿伽门农还是墨涅拉奥斯,统治国家,总得有个鸟站在他的棍子上接受贡品。

**欧厄尔庇得斯**　这我过去从来不明白;我总奇怪在悲剧里普里阿摩斯

王出场总带着一只鸟,我想它一定是监督着吕西克拉特斯接受贡品呢。

**珀斯特泰洛斯** 而最有力的证据就是宙斯头上立着一只鹰作为王的标志,他女儿带着一只猫头鹰,阿波罗侍候着他带着一只隼。

**欧厄尔庇得斯** 他妈的,说得真对,可是这是为什么呢?

**珀斯特泰洛斯** 就是为了我们照例把祭肉送上的时候,不等神吃到,鸟就可以先拿到肉,要知道人类从前并不向神发誓,都是向着鸟赌咒的。兰朋②现在要骗人的时候还是用鹅赌咒的。人类曾经是那么尊重你们,可是现在呀,他们把你们看作奴隶、傻子、流氓,还拿石头打你们,像对待疯子一样;在圣庙里捉鸟的又给你们立起网罗圈套、牢笼陷阱,把你们捉到手就一批一批地卖掉;人来买鸟还要先摸摸你们;等到他们认为可以吃了,还不肯烤烤就吃,还要先抹上奶酪香油,加上酱醋作料,还要做个又油又鲜的卤子滚烫的浇在上面,好像你们是臭肉似的。

**歌队** (次节)哎呀,听了这非常凄惨的话,我们真要为祖先的灾祸痛哭流涕呀,怎么丢掉了祖传的光荣地位呀。恩人呀,不知道是什么好运气让你们到这儿来了,我们全家老小都托付给你吧。(次节完)

**歌队长** 告诉我们该怎么办吧,要是不能全部恢复主权,那我们就不用活了。

**珀斯特泰洛斯** 我建议成立一个鸟类的国家,然后在整个大气和空中一带的四周修起一圈巨大的砖墙来,就像巴比伦一样。

**欧厄尔庇得斯** 乖乖!这真是一个惊人的堡垒。

**珀斯特泰洛斯** 墙造好了,就跟宙斯要回王权;他要是否认,不情愿,不屈服,就对他进行神圣战争,不许天神从你们国界通行,像从前他们跑来跑去跟阿尔克墨涅、阿洛佩、塞墨勒通奸那样。他们要是再

## 原文

一

下来,就在他们那东西上盖个戳子,让他们不好奸淫女人。再派一只鸟到人间去通知他们,鸟类现在是王,今后要向鸟类献祭,完了才轮到天神。给每一个神都配上一只合适的鸟;要是给阿佛罗狄忒献祭,先得给鸸鸟麦子吃;要是给波塞冬献祭,先得给鸭子麦子吃;要是给赫剌克勒斯献祭,先得给鱼鹰蜜糕吃;要是给宙斯献上一头羊,那鹪鹩是鸟中王,先得给它一个没有阉过的蚊子。

**欧厄尔庇得斯** 我喜欢这个样儿的蚊子。宙斯,你响你的雷去吧。

**歌队长** 可是人们会把我们当作神而不是喜鹊吗? 我们会飞,又长着翅膀。

**珀斯特泰洛斯** 哪儿的话。他妈的,赫尔墨斯是个神,他也会飞,也长着翅膀,还有很多别的神也是这样。胜利女神就用金翅膀飞,小爱神也是这样,还有绮霓女神,荷马不是说过吗? 她"有如受惊的鸽子"。

**欧厄尔庇得斯** 还有宙斯不也是飞着拿雷劈人吗?

**珀斯特泰洛斯** 要是人类愚蠢无知,看不起你们,继续崇拜奥林波斯山的神,到那时候一群麻雀跟白嘴鸦就吃光他们田里的种子,他们没饭吃,让得墨特尔女神量给他们麦子好了。

**欧厄尔庇得斯** 她才不肯呢,她总有理由拒绝的。

**珀斯特泰洛斯** 还有老鸦可以把耕地的牛呀,牲口呀,眼睛都啄瞎,来试验它们的本事,要是阿波罗神做医生给它们治疗,他们就得花钱。

**欧厄尔庇得斯** 别忙,等我先卖掉我的两头小牛。

**珀斯特泰洛斯** 可是他们只要承认你们是神,是大地、海洋,是宙斯的爸爸,是他们的命根子,那对他们的好处可就大啦。

**歌队长** 你给我们说说看。

**珀斯特泰洛斯** 蝗虫就吃不了葡萄了,猫头鹰跟鹨鸟的队伍可以消灭它们;那些蚜虫呀,树瘿虫呀,也不能再吃掉无花果了,一队画眉鸟就可以把它们消灭精光。

**歌队长** 可是他们顶爱钱,我们哪有钱给他们呢?

**珀斯特泰洛斯** 他们来问卦的时候,你们可以给他们很多好处,告诉他们哪些买卖能赚钱,下海也不会再死人啦。

**歌队长** 怎么不会死人啦?

**珀斯特泰洛斯** 他来求,你们就告诉他现在下海怎么样:"这会儿不要下海,要起风啦。""这会儿可以下海,会有钱赚。"

**欧厄尔庇得斯** 我不跟你们呆在一起啦,我要搞个船下海去了。

**珀斯特泰洛斯** 你们还可以告诉他们从前人埋藏的银子宝贝在哪儿,这你们都知道;俗语说得好:"除了飞鸟谁也不知道我的宝藏。"

**欧厄尔庇得斯** 我要卖了船,买个锄头去挖坛子去了。

**歌队长** 可是身体健康是天神给的,这我们怎么办呢?

**珀斯特泰洛斯** 有了钱还怕身体不健康?你知道人没钱身体好不了。

**歌队长** 人的寿命是天神管的。他们以后怎么能"终其天年"呢?要是"天不假寿"就要"不幸夭亡"了。

**珀斯特泰洛斯** 哪儿的话,你们还可以把人的寿命增加到三百岁呢。

**歌队长** 哪儿来的那么长命?

**珀斯特泰洛斯** 哪儿来的?你们自己有的,没听人说过吗?"多嘴的老鸦活五代"呀!

**欧厄尔庇得斯** 对,鸟儿管我们真比神要强得多。

**珀斯特泰洛斯** 当然啦,咱们也不用给它们盖什么大理石的庙,修什么金的门;它们就住在树林子里,橄榄树就是鸟的圣庙。咱们也不用到得尔福、阿蒙去献祭了;就站在橄榄树、杨梅树跟前,拿着麦粉,

| 原文 |

举着手祷告就得啦；只用一点麦粉就得到这些好处啦！
**歌队长**　哎呀，你们不是敌人，是我们最亲的亲人啦！我们一定照你的话办事，你的话鼓动了我们。只要你跟我们各自本着真心结成公正无私的同盟，我们发誓要共同进攻天神，他们的灭亡指日可待。我们愿意出力，一切用脑筋的事由你们全权处理。

## 第四场

珀斯特泰洛斯上。
**珀斯特泰洛斯**　咱们的祭祀很顺利，可是怎么还没有人从建筑的城墙那儿来报信呢？看，这儿跑来了一个像赛跑一样喘着大气的。
报信员甲上。
**报信员甲**　我我我我们的老爷珀斯特泰洛斯在哪儿？
**珀斯特泰洛斯**　我在这儿。
**报信员甲**　您的城墙完工了。
**珀斯特泰洛斯**　好消息。
**报信员甲**　真是个顶漂亮顶神气的城墙！在城墙上面，就是吹牛大王普洛曾尼得斯跟特奥革涅斯面对面驾着车，车上的马像特洛亚城的木马那样高大，也能走动。
**珀斯特泰洛斯**　乖乖！
**报信员甲**　高度我也量过，足足有六百尺。
**珀斯特泰洛斯**　真不赖！谁盖得那么高？
**报信员甲**　没有别人，统统是鸟干的；也没有埃及砖匠，没有石匠，没有木匠，统统是自己一手做成的，真了不起！从非洲来了三万只大鹤，肚子里装满打地基用的碎石子，鹳鸟就拿嘴把它们凿平，又有一万只鹳造砖头，田凫跟别的水鸟就把水抬到空中。

**珀斯特泰洛斯** 谁抬泥呢？

**报信员甲** 苍鹭带着沙斗。

**珀斯特泰洛斯** 它们怎么往里装泥呢？

**报信员甲** 它们的办法真聪明，鹅拿脚作铲子，把泥铲到沙斗里。

**珀斯特泰洛斯** 这真是"白脚成家"了。

**报信员甲** 还有鸭子把砖头背起带来；燕子就飞上去，尾上拖着刮泥板，嘴里含着泥，就像学徒一样。

**珀斯特泰洛斯** 那样人还雇短工干吗？接着说吧，还怎么的？谁做完城上的木工的？

**报信员甲** 塘鹅是鸟里最能干的木匠，它们拿嘴锯木头做城门；那锯木头的声音呀，就像造船场里的一样，现在所有的城门都装好了，也锁好了，周围都放上了警卫；有鸟在巡逻打更；警卫都站着岗，碉堡都点上烽火，我现在要去洗手了，你也照顾别的事去吧。（下）

**歌队长** 你怎么啦？城墙这么快就盖好了觉得奇怪吗？

**珀斯特泰洛斯** 他妈的，这还不奇怪？简直不像是真事。那儿又有一个报信员向我们这儿来了，睁着眼睛像要拼命似的。

报信员乙上。

**报信员乙** 哎呀，不好了，不好了。

**珀斯特泰洛斯** 什么事？

**报信员乙** 出了大乱子啦！打宙斯那儿来的一个什么神，趁着担任警戒的乌鸦卫兵不提防从城门口飞进来了。

**珀斯特泰洛斯** 真糟糕，是个什么神？

**报信员乙** 我们不知道，只知道是个带翅膀的。

**珀斯特泰洛斯** 你们就应该派侦察员赶快去追呀。

**报信员乙** 我们已经派了三万枭骑，个个爪牙锐利，还有兀鹰、鸢鹰、角

## 原文

　　鸥、皂雕、海青雕，它们振翼飞翔的声音震动天空，都在追赶；可是这个神已经离这儿不远了；就在附近。（下）

**珀斯特泰洛斯**　侍从们，备箭呀，来呀，放箭呀，杀呀，给我一个弹弓呀！

**歌队**　（首节）开战了呀，天神跟我们不宣而战了呀，所有的鸟都来保卫冥荒所生的云雾弥漫的天空呀，好好看守，不要让那个神漏过去呀，看好了四围空中呀，现在有东西飞降下来的声音已经很近了。

（首节完）

绮霓女神上。

**珀斯特泰洛斯**　喂，你你你你往哪儿飞？别动，别响，站住，停下来，你是干什么的？哪儿来的？你说你是哪儿来的？

**绮霓**　我是从奥林波斯山的天神那儿来的。

**珀斯特泰洛斯**　你叫什么名字？你到底是条帆船还是顶帽子？③

**绮霓**　我是快捷的绮霓。

**珀斯特泰洛斯**　哦，快舰，是"帕拉洛斯"号，还是"萨拉弥尼亚"号？

**绮霓**　你说的什么？

**珀斯特泰洛斯**　枭骑，还不飞过去把她抓起来。

**绮霓**　把我抓起来？这是干什么？

**珀斯特泰洛斯**　哼，够你受的。

**绮霓**　这简直岂有此理！

**珀斯特泰洛斯**　你这个浪家伙，打哪个门进城的？

**绮霓**　我也不晓得是哪个门。

**珀斯特泰洛斯**　你看她多会装假，你是想勾搭哪个乌鸦头子去？你不说？你进城盖过戳子吗？

**绮霓**　什么？

**珀斯特泰洛斯**　你没盖过戳子？

# 原文

**绮霓** 你脑筋有病吗？

**珀斯特泰洛斯** 没有鸟给你盖戳子验收？

**绮霓** 当然没有给我盖戳，你这混账东西。

**珀斯特泰洛斯** 哦，你就打算这么偷偷摸摸地飞过混沌大气，别人的国境？

**绮霓** 我们天神还能往哪儿飞？

**珀斯特泰洛斯** 我也不知道，反正这儿不行，现在打这儿走是犯法的。你知不知道你这个绮霓完全应该被处死刑，罪有应得？

**绮霓** 可是我是死不了的。

**珀斯特泰洛斯** 死不了也得死。要是别的东西都归我们管，你们天神们却到处乱跑，也不懂得服从领导，那还了得？你说你是打算往哪儿飞？

**绮霓** 往哪儿飞？我是从宙斯那儿来，到人类那儿去，告诉他们宰杀牛羊，向奥林波斯山的神献祭，使烤肉的香气上达天庭。

**珀斯特泰洛斯** 你说什么？什么神？

**绮霓** 什么神？当然是我们在天上的神。

**珀斯特泰洛斯** 你们是神？

**绮霓** 除了我们还有什么神？

**珀斯特泰洛斯** 现在鸟是人类的神了。人类要向鸟献祭，不敬他妈的宙斯了。

**绮霓** 啊，混账，混账，小心点，别让天神生气，到那时候公理之神用宙斯的斧头一下子就让你们绝了种，还有利铿尼亚的霹雳连烟带火把你们连人带房子烧得精光。

**珀斯特泰洛斯** 你听我说，别这么吹牛；别乱动，你以为你能用嘴唬我们，像对付吕底亚人或弗里基亚人那样吗？你要明白宙斯要是再

## 原文

跟我捣乱，我就叫带着火的鸸鹰烧光了他的宫殿跟安菲昂大楼。我可以派六百名以上穿着豹皮的仙鹤到天上去对付他，从前一个仙人就给了他不少麻烦。至于你呀，你要是再跟我捣乱，我就要分开你这丫头的大腿，干了你这个绮霓，叫你知道我年纪虽大，我的大家伙竖起来还够你受的。

**绮霓** 混账，胡说八道。

**珀斯特泰洛斯** 你还不走？还不快点？去！去！（作驱鸟声）

**绮霓** 我爸爸会制止你这种无礼行为的。

**珀斯特泰洛斯** 哎呀，他妈的，你还不到别处去勾搭年轻小伙子去？

绮霓女神下。

**歌队** （次节）我们禁止宙斯所生的诸神再来这里，他们不许再经过我们国家了，人类也不能再把地上的牺牲的香烟献给天神。（次节完）

**珀斯特泰洛斯** 奇怪，我们派到人间的报信员怎么还没回来？

报信员丙上。

**报信员丙** 啊，最幸福的，最智慧的，最光荣的，最智慧的，最深奥的，最幸福的珀斯特泰洛斯呀，请你降旨吧。

**珀斯特泰洛斯** 你说什么？

**报信员丙** 所有下民敬佩你的智慧，请你加上金冕。

**珀斯特泰洛斯** 我就加冕，他们为什么事尊敬我？

**报信员丙** 啊，光荣的空中国家的建立者，你还不知道人类是怎么尊崇你并热望到这里来！在你建国之前，他们都犯着拉孔尼亚人的病：留上长头发，饿着肚子，也不洗脸，模仿苏格拉底，拿着拐棍；可是现在他们都变了，都犯起鸟病来了；他们都模仿着鸟的一切行为，并以此为乐；早上一起床大家就跟你们一样，飞到发绿（谐"法律"）的原野去，然后就钻到草岸（谐"草案"）里去，然后咀嚼那些莒榛桃李(谐"章程条例")。他们的鸟病甚至使他们拿鸟作名字;一个跛脚的做生意的叫作鹧鸪,门尼波斯叫做燕子,俄彭提俄斯叫做不长眼睛的乌鸦,菲罗克勒斯是云雀,特奥革涅斯是冠鸭,吕库尔戈斯是紫鹤,开瑞丰是蝙蝠,绪拉科西俄斯是樫鸟,还有那儿的墨狄阿斯叫个鹌鹑,他也真像被斗鸟的把头打晕了的鹌鹑;所有的人因为喜欢鸟都唱着歌,歌里不是提到燕子,就是提到鹅、鸭子、鸽子,再不然,就提到翅膀,至少也提到一点毛,那儿就是这样。我再告诉你一件事:就要有一万多人到这儿来了,他们都想要一副翅膀跟鸟的生活方式;所以你就得给这些客人准备翅膀了。

**珀斯特泰洛斯** 真的,咱们不能再休息了;你快去把篮子筐子装满羽毛,让曼涅斯给我抬出来;我就在这儿招待来宾。

报信员丙下。

**歌队** (首节)这样,不久人就要称我国为人口众多的国家了。

**珀斯特泰洛斯** 只要我们继续交着好运。

**歌队** 大家都爱我们的国家。

**珀斯特泰洛斯** 我说呀,快点拿来。

**歌队** 在这儿我们还缺什么呢?有智慧,有热情,有非凡的风雅,和悦的安静。(首节完)

**珀斯特泰洛斯** 你做事怎么这样慢吞吞的,还不快点干?

**歌队** (次节)让他快把装好羽毛的篮子拿来,你去揍他一顿吧,他简直慢得像头驴子。

**珀斯特泰洛斯** 曼涅斯真是个没用的家伙。

**歌队** 你先把羽毛一类类整理好,唱歌鸟的,占卜鸟的,还有海鸟的,然后好给来客带上合式的翅膀。(次节完)

**珀斯特泰洛斯** 他妈的,看你这么没用,这么慢吞吞的,简直非揍你一

# 原文

顿不可。

逆子上。

**逆子** 我要变个高飞的鹰呀,在那荒凉的灰色海波上飞行呀。

**珀斯特泰洛斯** 那报信员说的一点不假,真有一个歌唱老鹰的来了。

**逆子** 啊,没有比飞更美的事了;我真爱上了鸟的法律呀,我得了鸟病啦,我要飞呀,我热烈追求你们的法律,要住在你们这儿呀。

**珀斯特泰洛斯** 你要什么法律?我们鸟类的法律很多。

**逆子** 一切法律;顶好的就是那条可以咬我爸爸,掐他脖子的。

**珀斯特泰洛斯** 不错,要是小公鸡啄他爸爸,这我们认为是有出息。

**逆子** 就是为了这个我来到这儿,热烈希望掐死我爸爸,好继承他所有财产。

**珀斯特泰洛斯** 可是我们这儿写在柱子上还有一条古老的法律,就是当老鸟把它儿子带大能飞的时候,小鸟就得抚养老鸟。

**逆子** 要是我还得养我老子,那我到这儿来反倒不上算啦。

**珀斯特泰洛斯** 可不是吗?傻小子,可是你既然好意来了,我还是像对没爹没娘的小鸟一样给你一副翅膀吧。我有一个新的不坏的意见,这是我年轻时学来的,你不要打你爸爸,你带上翅膀,拿起距刺,把鸡冠当作战盔,你去吃当兵的饭吧,出征也好,守边界也好,让你爸爸也活着;既然你爱打仗,就到特拉克去打仗吧。

**逆子** 真的,这主意倒不错,我就照办。

**珀斯特泰洛斯** 这才是聪明人。

逆子下。

舞师基涅西阿斯上。

**基涅西阿斯** (唱)

　　我翅膀轻轻飞上天庭,

　　　　　　　　飞过一个又一个音程。

**珀斯特泰洛斯**　这家伙真得要一大堆翅膀才行。

**基涅西阿斯**　（唱）

　　　　　　　　我追求着新鲜事物，

　　　　　　　　以我无畏的身心。

**珀斯特泰洛斯**　我们来拥抱这个杨柳细腰的基涅西阿斯；喂，你一步一歪地要歪到哪儿去呀？

**基涅西阿斯**　（唱）

　　　　　　　　我愿变成了鸟身，

　　　　　　　　吐着清音的夜莺。

**珀斯特泰洛斯**　算了，别唱啦，要什么就说吧。

**基涅西阿斯**　（唱）

　　　　　　　　我要你给我翅膀，

　　　　　　　　使我飞上天庭，

　　　　　　　　从云中取得新意，

　　　　　　　　那回风转雪的诗情。

**珀斯特泰洛斯**　人还能从云里取得诗情？

**基涅西阿斯**　我们这一个行业就靠着这个；那些漂亮的词句还不就是什么太空呀，阴影呀，苍穹呀，飞羽呀，你听听就明白了。

**珀斯特泰洛斯**　我不要听。

**基涅西阿斯**　非要你听不可。我将为你周游于大气之间。（唱）

　　　　　　　　有如长颈之鸟，

　　　　　　　　在那云里逍遥。

**珀斯特泰洛斯**　他妈的。

**基涅西阿斯**　（唱）

## 原文

> 我要乘风破浪,
> 
> 在那海上翱翔。

**珀斯特泰洛斯** 他妈的,我要不许你再浪。

**基涅西阿斯** （唱）

> 我飞向南方,
> 
> 又飞向北方,
> 
> 直破那长空无绁障。

珀斯特泰洛斯打基涅西阿斯,基涅西阿斯一步一跳。

**基涅西阿斯** 老家伙,你这真是个好把戏呀!

**珀斯特泰洛斯** 你还喜欢带着翅膀飞吗?

**基涅西阿斯** 你就这么对待各族争聘的舞蹈大师吗?

**珀斯特泰洛斯** 你愿不愿意留在我们这儿为勒奥特洛菲得斯④教秧鸡种的飞鸟歌舞团?

**基涅西阿斯** 很显然,你是拿我开心,可是我告诉你,我将坚持到底,一直到我能飞翔周游天空的时候。（下）

讼师上。

**讼师** 那空无所有的,五彩缤纷的是什么鸟呀?长翅的五彩的燕子呀!

**珀斯特泰洛斯** 这病可真不轻!又来了一个唱着歌的。

**讼师** 长翅的五彩的鸟呀,我问你。

**珀斯特泰洛斯** 我看他唱歌是为了他的外套太破,看样子得要不少燕子。

**讼师** 谁是给来客装翅膀的?

**珀斯特泰洛斯** 近在眼前,你要什么?说吧。

**讼师** 我要翅膀,翅膀,你不用再问。

**珀斯特泰洛斯** 你是打算到佩勒涅⑤去吗?

**讼师** 不是,我是个海岛方面的传案的,一个讼师。

**珀斯特泰洛斯** 真是个好行业。

**讼师** 我也办理起诉;所以我要翅膀,好到各地传案。

**珀斯特泰洛斯** 是为了有了翅膀传案更方便?

**讼师** 那倒不是。我要翅膀是为了避免海盗,并且吞下大批压舱的案子以后,好随着大鹤一起飞回去。⑥

**珀斯特泰洛斯** 你就干这个行业?年纪轻轻的就靠着跟外国人打官司?

**讼师** 不干这行又干什么?我又没学过种地。

**珀斯特泰洛斯** 可是还有别的正当行业,可以规规矩矩地生活,不一定要打官司呀!

**讼师** 算了,别说教了,给我装上翅膀,让我飞吧。

**珀斯特泰洛斯** 我现在就在用言语让你飞。

**讼师** 言语怎么能让人飞?

**珀斯特泰洛斯** 人都是言语鼓动飞的。

**讼师** 人都是言语鼓动飞的?

**珀斯特泰洛斯** 你没听见那些父亲在理发店跟那些小伙子谈的话吗?他们说:"我的儿子被狄伊特瑞斐斯的话鼓动得直想飞去赛车。"又一个也说:"我的孩子给鼓动得一心想要飞到剧场里去看悲剧。"

**讼师** 那么你是说用言语能够叫人飞?

**珀斯特泰洛斯** 就是这话。人被言语鼓动飞,我也想拿好话鼓动你,叫你飞去务个正业。

**讼师** 可是我不打算转业。

**珀斯特泰洛斯** 你打算怎么样呢?

**讼师** 我不能叫我祖宗丢脸;办理诉讼是我的祖传行业;所以你还是给

一

**原文**

一

  我装上又轻又快就跟鹰隼一样的翅膀吧，我好对外国人打官司，告了对方再飞回来。

**珀斯特泰洛斯**  哦，我明白你的企图了，你是要在被告没到庭之前就给他判罪。

**讼师**  一点不错。

**珀斯特泰洛斯**  他才航海到这儿来，你就又飞回去没收他的财产。

**讼师**  对，就是这样，像转陀螺似的。

**珀斯特泰洛斯**  对，像转陀螺似的，现在我这儿有个顶好的科耳库拉的翅膀。

  *珀斯特泰洛斯拿起鞭子。*

**讼师**  哎呀，你拿的是个鞭子。

  *珀斯特泰洛斯打讼师。*

**珀斯特泰洛斯**  这就是给你装翅膀，今儿就让你转得跟陀螺一样。

**讼师**  哎呀，救命呀。

**珀斯特泰洛斯**  你还不飞？可恶的该死的东西，你再不走就叫你看看搬弄是非口舌的下场。（讼师下。）

  我们收起这些翅膀来走吧。（下）

（杨宪益  译）

**注释：**

 ① 头镇是雅典地名。此处为双关语。

 ② 当时的一个预言家。

 ③ 绮霓女神穿得花花绿绿的，有些像帽子，两翼高张又有些像船。

 ④ 勒奥特洛菲得斯是当时一个轻浮无聊的人。

 ⑤ 古时此地每有赛会，总以毛衣作为奖品。这里嘲笑讼师衣服太破。

 ⑥ 据古代传说，大鹤飞渡地中海，必先吞下石块压腹，以抵抗风暴。

## 赏 析

《鸟》是欧洲最早的乌托邦文学作品，也是古希腊现存戏剧中唯一以神话幻想为题材的喜剧。剧中，两个雅典人和一群鸟在天地之间建立了一个独立王国——"云中鹁鸪国"。

公元前415年，雅典远征西西里岛，两年后，雅典远征军被歼。阿里斯托芬在《鸟》这部喜剧里用云中鹁鸪国隐喻在西西里建立理想国的希望，把它作为空中楼阁式的幻想加以揶揄讥嘲。显然，《鸟》是一部象征性的讽刺作品，借理想国讽刺现实中雅典社会政治百态。云中鹁鸪国作为欧厄尔庇得斯和珀斯特泰洛斯的理想国，移植了雅典社会的很多特征，甚至把这些特征放大到十分荒谬的地步。因此，理想国是哈哈镜里的雅典。通过哈哈镜的颠倒和扭曲效果，使现实雅典的某些特征凸现出来。《鸟》中最大的讽刺在于对雅典的政治影射。雅典人对自己的民主政治最为自豪，雅典民主派首领伯里克利在著名的阵亡将士葬礼演讲中，曾回顾雅典人祖先的高贵起源和荣耀，夸赞民主城邦的生活方式和功业。而云中鹁鸪国也实行民主政体，但剧中却写道，反民主派的鸟们成为群众领袖的盘中餐。这显然是对雅典民主政治实践中的弊病的影射和揭批。此外，两个雅典公民对鸟的谱系的捏造也似乎影射着雅典人对自己祖先高贵血统的捏造。而鸟的城邦对于三界霸权的追求也隐隐指向当时正在进行的雅典人与斯巴达人的争霸战，尤其是阿尔基比亚德所鼓动的西西里远征。只是领导鸟城的雅典人更大胆，居然把手伸到诸神那里去了。当然，阿里斯托芬在《鸟》中所表现出来的最大悖谬在于：两个原本要逃避雅典纷杂政治的公民去建立新理想国时，却仍然把雅典民主政体的诸多弊病给复制过去；他们想要平静的快乐，但建立的却是一个追求霸业的城邦；他们想要逃避党派政治，结果

| 原文 |

却摇身一变,成了暴民领袖。

《鸟》的人物对话最能体现阿里斯托芬的喜剧特色。阿里斯托芬在剧中时而揶揄讥嘲,时而插科打诨,对雅典城邦的社会弊病和各种职业的丑陋生态进行了淋漓尽致的讽刺。他喜欢采用夸张手法,用漫画式语言揭示生活本质。如:"那树上的知了叫个把月就完了,而雅典人是一辈子告状起诉,告个没完。""你说要是咱们死了,该埋在哪儿呢?咱们该埋在烈士公墓,用公费埋葬,因为咱们可以报告将军们是在鸟城对敌人作战牺牲的。"而剧中讼师和珀斯特泰洛斯的一段精彩对白,也把讼师的职业流弊深描出来。

阿里斯托芬在喜剧中也经常揶揄讥嘲时政名流,甚至拿先哲开涮,体现早期喜剧关心政治、自由评论的特色。有时戏拟悲剧中的诗句,产生喜剧效果。如:"用诗人埃斯库罗斯的话来说,'这不怪旁人,而怪自己的羽毛'。"《鸟》剧中有美丽的诗,也大量使用了下层群众日常生活中粗俗而鲜活的语言。如两个雅典人见到夜莺时对白:"她还戴着那么多金子,真像个没出嫁的大闺女似的。""我想现在就跟她亲热一下子。""你这个倒霉鬼,她的嘴是尖的。"总之,阿里斯托芬善于运用各种喜剧技巧,使语言灵巧生动,活泼犀利,从而深化了戏剧主题,达到强烈的讽刺效果。

(侯灵战)

# 蛙

| 作品提要 |

由于作家埃斯库罗斯与欧里庇得斯去世,索福克勒斯衰老不堪,阿伽同也告老退隐到了马其顿,整个剧坛毫无生气,戏剧的守护神狄俄尼索斯看到此景再也无法忍受,决定到冥界去把欧里庇得斯召回阳间,从而使人

# 原文

间剧坛重获生气。他乔装打扮成赫剌克勒斯,和仆人踏上了前往冥界的道路。一路上主仆二人经历了一系列惊心动魄的场景。可他们到了冥界后,狄俄尼索斯发现欧里庇得斯和埃斯库罗斯正在就名声谁大谁小争得面红耳赤。正好狄俄尼索斯来到,于是他俩请他作裁判。经过激烈的论辩,埃斯库罗斯得胜。狄俄尼索斯在一片欢呼声中把他带回阳间。

| 作品选录 |

## 七 对 驳

**狄俄尼索斯** 埃斯库罗斯,你听了他的话,为什么不言语?

**欧里庇得斯** 他一上来总是装腔作势,这是他在每出悲剧里每次都玩的一套把戏。

**狄俄尼索斯** 好朋友,你说话口气不要太大。

**欧里庇得斯** 我了解他,早已把他看透了,他是个专写怪物的顽固诗人,舌头放肆不羁,嘴上没有分寸,没有门户,不善于转弯抹角,吐出来的是一捆捆夸大的言辞。

**埃斯库罗斯** 菜园女神的儿子啊,这是真的吗?① 你这个闲话搜集人,乞丐制造家,破衣织补者,你敢这样说我吗?别高兴得太早了。

**狄俄尼索斯** 住口吧,埃斯库罗斯,你别心怀旧恨而生气!

**埃斯库罗斯** 不,我要明白地指出,这制造瘸子、胆大包天的是个什么东西。

**狄俄尼索斯** 众小厮,快牵一头羊、一头黑色的羊来,因为飓风就要吹来了。②

**埃斯库罗斯** (向欧里庇得斯)你曾经搜集克里特独唱曲,把不洁净的婚姻介绍到诗里。

## 原文

**狄俄尼索斯**　最可敬的埃斯库罗斯，你且忍耐忍耐吧。可怜的欧里庇得斯，你要是聪明一点，就赶快抽身，躲避冰雹，免得他在盛怒之下抛出一些和你的脑袋一般大的字，打中你的太阳穴，打出一个忒勒福斯③来！你呢，埃斯库罗斯，也不要再发怒了，心平气和地批评他，也听听他的批评。诗人不该像卖面包的妇人那样对骂，你却像着火的冬青槲那样吼叫。

**欧里庇得斯**　我已经准备好了，决不退缩，我先啄他，或者随他愿意，他先啄我。这儿是我的对话、歌曲、悲剧的筋腱，这儿是——宙斯保佑我——我的《帕琉斯》、《埃俄罗斯》、《墨勒阿格洛斯》，还有《忒勒福斯》。

**狄俄尼索斯**　埃斯库罗斯，告诉我，你打算怎么办？

**埃斯库罗斯**　我愿意在别处比赛，在这儿比赛条件不公平。

**狄俄尼索斯**　为什么不公平？

**埃斯库罗斯**　因为我的诗没有随我而死，他的诗却随他而死了，可以由他拿出来念。但是既然你认为合适，就这样办吧。

**狄俄尼索斯**　谁去拿乳香来，拿火来，我要在他们的雄辩开始之前，求神帮助我把这场比赛评判得最合乎艺术精神。（向歌队）你们向文艺女神们唱一支歌吧。

**歌队**　宙斯的女儿们，纯洁的处女们，九位缪斯，
　　　　站在高处俯视着诗人们谨慎而精确的思维的女神，
　　　　当他们被复杂的辩论和艰难的对驳
　　　　搅进怨恨的时候
　　　　请来看
　　　　他们相互抛扔着严厉、措辞完美的诗句
　　　　口舌是多么的厉害。

艺术的伟大的竞赛开始了。

**狄俄尼索斯**　你们两人在念诗之前,也向神祈祷吧。

埃斯库罗斯焚献乳香。

**埃斯库罗斯**　养育我心灵的得墨忒耳啊,但愿我不辜负你的密教。④

**狄俄尼索斯**　(向欧里庇得斯)你也来献乳香吧。

**欧里庇得斯**　不,谢谢你,我所求的是一些别的神。

**狄俄尼索斯**　是你的私货——新铸的钱币吗?

**欧里庇得斯**　正是。

**狄俄尼索斯**　那么你就向你私有的神祈求吧。

欧里庇得斯焚献乳香。

**欧里庇得斯**　养育我的空气、舌头的枢轴啊,天生的机智和敏锐的嗅觉啊,保佑我顺利地驳倒我听到的论调。

**歌队**　(短歌首节)我们想听听你们两位聪明人在讨论对话和歌曲的时候,走上哪一条敌对的道路。(向观众)他们的舌头很凶恶,他们的精神很勇敢,他们的心跃跃欲试。我们预料其中一位会说出一些巧言妙语,另一位会把词儿连根拔起来,拿在手里向对方扑去,扔出许多滚来滚去的诗句。

**狄俄尼索斯**　你们现在赶快念,念一些美妙的诗,不要比喻,也不要俚语。

**欧里庇得斯**　关于我本人,我的诗是什么样子,回头再说,我现在指出,这家伙是个江湖骗子,用戏法欺骗佛律尼克斯⑤训练出来的观众,把他们当作傻子看待。他时常把一个角色——一个阿喀琉斯或者尼俄柏——遮盖起来,叫他坐在那里不露面——这是悲剧里面的哑剧,一句话也不说。

**狄俄尼索斯**　是的,一句话也不说。

# 一

## 原文

**欧里庇得斯**　他的歌队一连唱四支曲子,演员却闷声不哼。

**狄俄尼索斯**　我倒喜欢这种沉默,比起你们今天的絮絮叨叨来,更合我的心意。

**欧里庇得斯**　你要知道,这是因为你头脑简单。

**狄俄尼索斯**　是这样的。可是某某人为什么这样做?

**欧里庇得斯**　还不是走江湖的那套把戏,让观众老是猜尼俄柏说不说话,戏才能演下去。

**狄俄尼索斯**　这个坏透的东西,我叫他骗了!(向埃斯库罗斯)你跺什么脚,有什么不耐烦的?

**欧里庇得斯**　因为我批评了他。这样瞎闹了一阵以后,戏已经过去了一半,他才吐出十二个公牛一般大的字来,怪模怪样,眉毛和冠毛竖直了,没有一个人听得懂。

**埃斯库罗斯**　哎呀!

**狄俄尼索斯**　(向埃斯库罗斯)住口!

**欧里庇得斯**　没有一个字叫人听得懂。

**狄俄尼索斯**　(向埃斯库罗斯)你别咬牙切齿!

**欧里庇得斯**　全都是什么"斯卡曼德洛斯呀"、"城壕呀"、"铜打的格律普斯在盾牌上呀!"⑥悬岩一般的字,猜不出说些什么。

**狄俄尼索斯**　可不是,我也曾在漫长的夜里睡不着,猜想"黄褐色的马鸡"是什么鸟儿。

**埃斯库罗斯**　那是船头上画的标志,你这个傻瓜!

**狄俄尼索斯**　我以为是菲罗克塞诺斯的儿子厄律克西斯呢!⑦

**欧里庇得斯**　那你就该把公鸡介绍到悲剧里来吗?

**埃斯库罗斯**　众神的仇敌啊,你又介绍了些什么呢?

**欧里庇得斯**　我敢当着宙斯说,不是你介绍的马鸡或羊鹿——波斯花毡上织的那种怪物。在我从你手里把悲剧艺术接过来的时候,她正塞满了夸大的言辞和笨重的字句,我先把她弄瘦,用短句子、散步闲谈和白甜菜来减轻她的体重,叫她喝一些从书里滤出来的饶舌液汁,再喂她一些抒情独唱——

**狄俄尼索斯** （旁白）再加上刻菲索丰做作料。⑧

**欧里庇得斯** 我从不信口开河,从不冒冒失失就往故事里闯。那首先出场的演员马上把剧中人物的家世交代清楚。

**狄俄尼索斯** （旁白）我敢当着宙斯说,这比交代你自己的家世好。

**欧里庇得斯** 戏一开始,没有人闲着,我的女角色说话,奴隶也有许多话说,还有主人、闺女、老太婆,大家都有话说。

**埃斯库罗斯** 你这样胡闹,不应该判处死刑吗?

**欧里庇得斯** 我敢当着阿波罗起誓,不应该,我是根据民主原则行事的。

**狄俄尼索斯** 算了吧,好朋友,在这上面你是站不稳的(谐"辩不赢的")。

**欧里庇得斯** 此外我还教(指着观众)他们高谈阔论。

**埃斯库罗斯** 你教过他们,可是我愿意你在没有教他们之前,肚子先裂开死掉。

**欧里庇得斯** 我介绍巧妙的规则、诗行的标准;教他们想,教他们看,教他们领悟,教他们思考,教他们恋爱,耍诡计,起疑心,顾虑周全——

**埃斯库罗斯** 这是事实。

**欧里庇得斯** 我介绍日常生活、大家熟悉和经历过的事情,我说错了,大家可以谴责,因为这些事情是大家知道的,可以对我的艺术加以指责。我从来不夸张,从来不把(指着观众)他们弄得糊里糊涂,从来不介绍什么库克诺斯、门农和他们的马具上的铃铛,(指着观众)

## 原文

## 一

把他们吓坏了。你可以先看看他的徒弟的,再看看我的。他的是福耳弥西俄斯和马格涅斯人墨该涅托斯、胡子、枪手兼号兵、一边冷笑一边扳松树的强盗⑨。我的却是克勒托丰⑩和伶俐的忒刺墨涅斯。

**狄俄尼索斯** 忒刺墨涅斯吗?他是个聪明人,八面玲珑,不论在哪里跌进了祸事的泥坑,他总是一跤跌到底,又能从里头跳出来,不再是一个开俄斯人,而变成了一个刻俄斯人。⑪

**欧里庇得斯** 我的确向(指着观众)他们灌输过这样的智慧,把推理和思考介绍到艺术里,因此他们现在能观察一切,辨别一切,把他们的家务和别的事情管理得更好,观察得更周到。他们总是问:"这是怎么回事?叫我到哪里去找呢?是谁拿走了?"

**狄俄尼索斯** 这倒是真的,所以如今每个雅典人一回到家里,总是骂仆人,问:"水壶哪儿去了?谁把鲱鱼头啃掉了?我去年买的碗不见了!昨天买的大蒜又哪儿去了?谁把厄莱亚果子咬了一口?"在从前,他们只是坐下来张着嘴发呆,是一些傻小子——一些墨利提得斯⑫。

**欧里庇得斯** (短歌次节)(向埃斯库罗斯)"啊,光荣的阿喀琉斯,你看见这情形",怎么回答呢?只是……免得气疯了,跑到厄莱亚树外面去了。⑬他的话来势凶猛。高贵的人啊,你回答的时候,别生气,且把帆篷卷起来,只使用顶上的边缘,等风平浪静,再慢慢加速,相机进攻。

**狄俄尼索斯** 你这位首先创造崇高的诗词,美化悲剧的废物的希腊诗人啊,你要勇敢地吐出语言的洪流。

**埃斯库罗斯** 我对我所处的境地感到愤慨,一想到我必须同这样一个家伙对吵,我就起反感。但是为了不让他说我无言对答,(突然转向欧里庇得斯)你回答我,人们为什么称赞诗人?

**欧里庇得斯** 因为我们才智过人,能好言规劝,把他们训练成更好的公民。

**埃斯库罗斯** 如果你不但没有做到这一点,反而把善良高贵的人训练成大流氓,你说你该受什么惩罚?

**狄俄尼索斯** 该受死刑,不必问他。

**埃斯库罗斯** 你想想,他原先从我手里接过去的是一些什么样的人?他们是高贵的人物,身长四腕尺,不是逃避公共义务的懦夫,不是像今天逛市场的懒汉、歹徒、无赖,而是一些发出枪杆、矛头、白鬃盔、铜帽、胫甲气味的英雄,有着七重牛皮⑬的心。

**狄俄尼索斯** 来势凶猛,看样子他要打制铜盔,把我吓死。

**欧里庇得斯** (向埃斯库罗斯)你是怎样把他们训练成高贵的人物的?

**狄俄尼索斯** 埃斯库罗斯,回答吧,别一味板起面孔生气。

**埃斯库罗斯** 我写过一出充满战斗精神的悲剧。

**狄俄尼索斯** 剧名叫什么?

**埃斯库罗斯** 《七将攻忒拜》,看过那出戏的人,个个都想当兵打仗。

**狄俄尼索斯** 这是你干的好事,鼓励忒拜人更勇于作战,你该挨打。

**埃斯库罗斯** 你们本来也可以那样训练,却干别的事了。此外,我还上演过《波斯人》,赞美一件最崇高的功业,使你们永远想战胜你们的敌人。

**狄俄尼索斯** 我的确很喜欢听大流士的鬼魂说起我们的胜利。那时候歌队马上双手一拍,叫一声"哎呦"。

**埃斯库罗斯** 一位诗人应该这样训练人才对。试看自古以来,那些高贵的诗人是多么有用啊!俄耳普斯把秘密的教仪传给我们,教我们不可杀生,穆塞俄斯传授医术和神示;赫西俄德传授农作术、耕

# 原文

种的时令、收获的季节;而神圣的荷马之所以获得光荣,受人尊敬,难道不是因为他给了我们有益的教诲,教我们怎样列阵,怎样鼓励士气,怎样武装我们的军队吗?

**狄俄尼索斯**　可是他没有把潘塔克勒斯那个大笨伯教会,那家伙前几天带领游行队的时候,先把盔套在头上,然后束鬃毛。⑮

**埃斯库罗斯**　可是他教出了许多别的勇士,包括英雄拉马克斯在内。我有意模仿荷马,创造出一些帕特洛克罗斯和勇猛如狮的透克洛斯的各种英雄事迹,鼓励公民一听见号声就学他们的榜样。可是我凭宙斯起誓,我从来没有创造过淮德拉和斯忒涅波亚这类的妓女,⑯也没有人能指出哪一个谈情说爱的女人是我创造的。

**欧里庇得斯**　的确没有,因为你身上就没有一点爱情的气味。

**埃斯库罗斯**　最好是没有。可是阿佛洛狄忒却狠狠压在你和你的朋友身上,把你推倒了。⑰

**狄俄尼索斯**　(向欧里庇得斯)是呀,这是事实。你写的是别人的妻子的私情,也正是这种私情害了你。

**欧里庇得斯**　你这可怜的傻瓜,我创造的这些斯忒涅波亚对城邦有什么害处呢?

**埃斯库罗斯**　你叫那些高贵的妇人、高贵的公民的妻子看了你创造的这些柏勒丰忒斯而感到羞愧,服毒自杀。

**欧里庇得斯**　难道我描写的淮德拉的故事不是真事吗?

**埃斯库罗斯**　是真事,可是一位诗人应该把这种丑事遮盖起来,不宜拿出来上演。教训孩子的是老师,教训成人的是诗人,所以我们必须说有益的话。

**欧里庇得斯**　你满口吕卡柏托斯山、帕耳那索斯高岩,这也算是你教训我们有益的话吗？其实你应当说人说的话才对。

**埃斯库罗斯**　但是，你这倒霉的傻瓜，伟大的见解和思想要用同样伟大的词句来表达。那些半神穿的衣服比我们的冠冕堂皇，他们采用更雄壮的言辞也是自然的。我好好地介绍来的东西，都叫你糟蹋了。

**欧里庇得斯**　怎么糟蹋了？

**埃斯库罗斯**　首先，你给那些国王穿上破布烂衫，叫观众可怜他们。

**欧里庇得斯**　这样做有什么害处呢？

**埃斯库罗斯**　那些富裕公民学乖了，再也不肯供应三层桨的战船，他们穿上破布烂衫，啼啼哭哭，说他们很穷。

**狄俄尼索斯**　我敢当着得墨忒耳说，里面还穿着细毛料衬袍。他们要是哄骗了城邦，就赶快跑到市上去花钱买鱼。

**埃斯库罗斯**　其次，你教人聊天，辩论，连摔跤学校也变得空荡荡，没有人去了，那些夸夸其谈的小伙子的屁股也变瘦了，你还劝那些帕剌罗斯㉕同他们的长官争辩。可是我在人世的时候，他们什么也不懂，只是嚷着要大麦粑粑，大声唱"划呀划"。

**狄俄尼索斯**　是呀，他们还对着最低层桨手的嘴放屁，给餐友们溅上屎，一上岸，就去抢人。可是如今他们却抗拒命令，不肯划桨，随风飘来飘去。

**埃斯库罗斯**　哪一样坏事不该由他负责？难道他没有介绍一些拉皮条的老太婆、在庙里生孩子的女人、同亲兄弟结合的姑娘，叫女人说"活着等于不活着"吗？所以我们的城邦充满了下等官吏和煽惑人心的卑鄙猴子，他们一直在欺骗人民，可是如今由于缺少锻炼，没有一个人能举起火把赛跑。

**狄俄尼索斯**　当真没有了，我在雅典娜节见到一个白胖无力的小伙子

## 原文

耷拉着头，落在后面，怨天怨地，叫我笑得要死，在城门口，陶工区居民在他肚皮上，肋骨上，腰眼上，屁股上打了一顿，他挨了巴掌，放了几个屁，把火把喷熄了，然后溜之大吉。

**歌队**　太大的仇恨，太大的争执，狂野的战争正在酝酿。
　　　　当一方重重地打击，另一方又充满仇恨地回击，
　　　　能得出结论实在是太难了。
　　　　然而，你们不要老重复同样的东西，
　　　　还有很多别的方式和诡辩术。
　　　　你们有什么想要争吵的，就都说出来吧，
　　　　就充分地发挥吧，
　　　　把那些无论是旧的还是新的，
　　　　都拿出来剖析；
　　　　大胆地说出些典雅的、有哲理的东西。

　　　　然而，如果你们担心，观众是否没有文化，
　　　　以至于无法理解
　　　　你们那细致的诗句的含义，
　　　　一点儿也不用怀疑这一点。
　　　　现在和以前不一样了，人们都是出过征、打过仗的，
　　　　每个人手里都拿着书本，学着正确的东西。
　　　　现在的人们更聪明了，
　　　　他们的头脑也更敏捷了。
　　　　因此，都说出来吧，
　　　　别为了观众而担心，因为他们，可都是哲人。

（罗念生　译）

蛙

**注释：**

① 这行戏拟欧里庇得斯的诗句："海上女神的儿子啊，这是真的吗？"大概是《忒勒福斯》（已失传）中的残句。"海上女神"指忒提斯，"儿子"指阿喀琉斯。埃斯库罗斯借此挖苦欧里庇得斯的母亲是卖蔬菜的。

② 古希腊人于风暴前祭风神，祈求免除灾难。狄俄尼索斯并不是真的要献祭，而是借此挖苦埃斯库罗斯就要发出飓风似的愤怒。

③ 观众以为狄俄尼索斯会说出"打出脑髓来"。忒勒福斯是欧里庇得斯的同名悲剧中的主人公，被阿喀琉斯刺伤。神示说他的创伤只有刺伤他的人才能医治，他因此乔装乞丐去找阿喀琉斯，阿喀琉斯用矛尖的锈把他医好了。

④ 得墨忒耳是克洛诺斯和瑞亚的女儿，为农神。她的教义很秘密，不许人泄露，她在厄流西斯地方最受人崇敬。埃斯库罗斯出生在那里，但没有入密教。

⑤ 佛律尼科斯是古希腊悲剧创始人之一，他的写作年代是公元前 6 世纪末至公元前 5 世纪初。

⑥ 斯卡曼德洛斯是特洛亚郊外的河流，特洛亚战争即发生在该河沿岸。格律普斯是一种狮身、鹰嘴、有翼的怪物。这里大概指盾牌上的纹章。

⑦ 据说菲罗克塞诺斯很贪吃，厄律克西斯很丑陋。

⑧ 刻菲索丰是欧里庇得斯的仆人或演员或音乐师，据说他曾帮助欧里庇得斯写戏，并与他的后妻有私情。

⑨ 借用关于西尼斯的典故。西尼斯是阿提卡的强盗，他把两根松树扳下来，把过客捆在上面，然后让松树伸直，把过客的身体分成两半。

⑩ 克勒托丰是苏格拉底的弟子，据说他很懒惰。

⑪ 讽刺忒剌墨涅斯每遇危险，便投靠敌对党派，借此脱离灾祸。据说开俄斯岛的人很奸诈，刻俄斯岛的人很诚实。此处以投骰子为喻，"开俄斯"是一点，背面的六点叫"刻俄斯"，指忒剌墨涅斯的运气好转了。

⑫ 据说墨利提得斯是个愚蠢的雅典人，他的名字成为傻子的代名词。

⑬ 古雅典运动场跑道转弯处界外种着一行与橄榄树相似的厄莱亚树。歌队警告埃斯库罗斯不要犯规，跑出界限。

## 原文

⑭ "七重牛皮"是《伊利亚特》描绘大埃阿斯的盾牌的形容词。

⑮ 潘塔克勒斯在带领雅典娜节游行队的时候,不先束好盔顶的鬃毛就把盔戴好,以致无法再把鬃毛束好。

⑯ 淮德拉是欧里庇得斯的悲剧《希波吕托斯》中的女主人公。她爱上丈夫前妻的儿子希波吕托斯。斯忒涅波亚是作者的同名剧(已失传)中的女主人公,她爱上了丈夫的客人柏勒洛丰忒斯。她们因为遭拒绝而自杀,并诬告对方。

⑰ 阿佛洛狄忒是司爱与美的女神,此处挖苦欧里庇得斯的前妻和后妻都对他不忠实。

⑱ 帕剌罗斯是雅典快船帕剌罗斯号的船员的称号,这些船员都是雅典的公民,他们拥护民主制度,反对寡头制度。

## 赏 析

阿里斯托芬的喜剧触及和揭露了当时重大政治问题和社会问题,反映了雅典民主政治危机时期的思想意识,因而在古代希腊备受称赞。阿里斯托芬约死于公元前 385 年,柏拉图曾为他写过只有两行但含义隽永的墓志铭:

"美乐女神在寻找一所不朽的神殿,
　她们终于发现了阿里斯托芬的灵府。"

阿里斯托芬以独特、敏锐的现实主义眼光观察着周遭的世界,将当时雅典政党内部的争权夺利,以及生活中的种种弊端搬上舞台,以严肃冷峻的态度分析,加之辛辣的语言嘲讽。他在剧中斥责主战派,反映城邦人民对美好和平生活的渴望,所以很容易引起观众的共鸣。他的喜剧所描写的内容都与当时重大社会和政治问题紧密联系在一起,在针对这个社会种种不良现象和丑恶现实予以痛快鞭笞的同时,也表达了自己的哲学观、政治观和文艺观,如《蛙》。

## 赏析

《蛙》虚构了埃斯库罗斯和欧里庇得斯在冥界进行的争辩,集中表达了阿里斯托芬的文艺思想,同时也借酒神(即戏剧守护神狄俄尼索斯)之口巧妙地反映了作者本人对这两位悲剧作家的评价。剧中埃斯库罗斯和欧里庇得斯早已作古,剧坛一片寂寞,了无生气。狄俄尼索斯无法忍受剧坛的现状,决定到冥界把欧里庇得斯召回人间,碰上埃斯库罗斯和欧里庇得斯正在为谁的名声大而争论不休,于是引出了这出以两位戏剧大师为主角的喜剧故事。

在这部喜剧中,阿里斯托芬认为两位诗人的艺术各有千秋,互有短长。他认为埃斯库罗斯的"开场"合唱歌过于冗长,语言过分夸张,字句艰涩难懂,缺乏艺术技巧,同时对他的戏剧所表现出来的崇高风格表示肯定,特别赞扬了埃斯库罗斯在剧中宣扬的大无畏精神,鼓励公民为国家、民族而战,为和平而战,从而肯定他的悲剧带有普遍的教化意义。

对欧里庇得斯的评价恰恰相反,阿里斯托芬赞扬他善于在"开场"中就向观众介绍剧情,使观众一目了然,简洁明快,也肯定了他的悲剧接近市民的日常生活。但阿里斯托芬也毫不留情地讽刺了欧里庇得斯戏剧的风格有些油腔滑调而显得格调不高,同时批评欧里庇得斯给妇女和奴隶在剧中说话的机会和权利,这反映了阿里斯托芬狭隘的阶级观。

两位大诗人剧中论战的主题是关于悲剧的任务问题,他们对这个问题的看法基本一致,并无太多矛盾,异口同声地认为诗人理应成为青年人的教师,并且都认识到悲剧的首要任务是要把人民训练成为更好的公民,具有社会教化功能和政治作用。这也正是阿里斯托芬的文艺观。

由于埃斯库罗斯的悲剧主人公多是些气冲霄汉的英雄,因而整个作品的格调和展现的思想是深沉的、崇高的和伟大的,这样的作品能极大地激励人民成为勇敢的公民。而欧里庇得斯的悲剧大多描写的是普通人,特别是不道德的女子,同时剧中充满了形形色色的诡辩言辞。这样的作品在阿

## 赏析

里斯托芬看来,产生的不良影响和负面作用是显而易见的。

阿里斯托芬的戏剧观与他所处的历史环境有关。他生活的时代正值希腊处于内忧外患的多事之秋,拯救雅典城邦是民主政体中每个公民义不容辞的责任,而诗人更应负起特殊的职责,劝导、启发人民保护城邦,维护和平。而艺苑生辉也有赖于城邦的繁荣。

因此,在阿里斯托芬眼中,埃斯库罗斯的悲剧效果更能吸引他,所以酒神最后站到了埃斯库罗斯这边。需要指出来的是,在剧中,酒神评判埃斯库罗斯获胜,并不是说埃斯库罗斯在艺术上比欧里庇得斯高明多少,而是因为埃斯库罗斯的悲剧更能产生教化人民的有益效果。换句话说,是因为埃斯库罗斯的政治观点与阿里斯托芬较为一致。因此,尽管在剧中阿里斯托芬对欧里庇得斯有一些严厉的批评,但这也许是他在喜剧中有意追求的夸张效果。这丝毫不会动摇欧里庇得斯在希腊文学史上的卓著贡献和崇高地位。

(赵 波)

# 附录

*Aeschylos Sophoclēs Euripidēs Aristophanēs*

**公元前 525 年**
埃斯库罗斯大约在此年出生。

**公元前 496 年**
索福克勒斯大约在此年出生。

**公元前 490 年**
埃斯库罗斯参加马拉松战役。

**公元前 484 年**
埃斯库罗斯首次在戏剧比赛中获胜。

**公元前 480 年**
欧里庇得斯大约在此年出生。
埃斯库罗斯参加萨拉弥斯海战。

**公元前 472 年**
埃斯库罗斯的《波斯人》上演。

**公元前 467 年**
埃斯库罗斯的《七神攻忒拜》上演。

**公元前 468 年**
索福克勒斯在戏剧比赛中击败埃斯库罗斯获胜。

**公元前 466 年**
埃斯库罗斯的《被缚的普罗米修斯》约在此年上演。

**公元前 458 年**
埃斯库罗斯的三联剧《俄瑞斯忒亚》(《阿伽门农》、《奠酒人》、《报仇神》)上演。

**公元前 456 年**
埃斯库罗斯大约在此年逝世。

**公元前 448 年**
阿里斯托芬大约在此年出生。

**公元前 441 年**
索福克勒斯的《安提戈涅》约在此年上演。

**公元前 440 年**
索福克勒斯当选"雅典十将军"之一。

**公元前 438 年**
索福克勒斯的《阿尔刻提斯》上演。

**公元前 431 年**
索福克勒斯的《俄狄浦斯王》、欧里庇得斯的《美狄亚》上演。

**公元前 430 年**
欧里庇得斯的《安德洛玛刻》上演。

**公元前 429 年**
欧里庇得斯的《特剌喀斯少女》上演。

**公元前 428 年**
欧里庇得斯的《希波吕托斯》上演。

**公元前 425 年**
阿里斯托芬的《阿卡奈人》上演。

**公元前 424 年**
阿里斯托芬的《骑士》上演。

**公元前 423 年**
阿里托斯芬的《云》上演。

**公元前 414 年**
阿里托斯芬的《鸟》上演。

**公元前 406 年**

索福克勒斯、欧里庇得斯大约在此年逝世。

**公元前 405 年**

阿里托斯芬的《蛙》上演。

**公元前 385 年**

阿里托斯芬约在此年逝世。

(闻　怡)

**图书在版编目(CIP)数据**

古希腊戏剧家作品鉴赏辞典/上海辞书出版社文学鉴赏辞典编纂中心编.—上海:上海辞书出版社,2015.9
(外国文学名家名作鉴赏辞典系列)
ISBN 978-7-5326-4473-5

Ⅰ.①古… Ⅱ.①上… Ⅲ.①戏剧文学-文学欣赏-古希腊-词典 Ⅳ.①I545.073-61

中国版本图书馆CIP数据核字(2015)第212147号

**古希腊戏剧家作品鉴赏辞典**
上海辞书出版社文学鉴赏辞典编纂中心　编
责任编辑/杨　凯　助理编辑/辛　琪　技术编辑/顾　晴
装帧设计/姜　明

上海世纪出版股份有限公司
辞书出版社出版
中国图书进出口上海公司发行
2015年12月第1版
ISBN 978-7-5326-4473-5/I·283

www.ingramcontent.com/pod-product-compliance
Lightning Source LLC
Chambersburg PA
CBHW051046160426
43193CB00010B/1079